实用法律基础

刘　琳　主编

国家开放大学出版社·北京

图书在版编目（CIP）数据

实用法律基础/刘琳主编. —北京：国家
开放大学出版社，2019.1（2019.10 重印）

ISBN 978-7-304-09657-1

Ⅰ.①实…　Ⅱ.①刘…　Ⅲ.①法律—中国—开放
教育—教材　Ⅳ.①D92

中国版本图书馆 CIP 数据核字（2019）第 003183 号

实用法律基础

SHIYONG FALÜ JICHU

刘　琳　主编

出版·发行：国家开放大学出版社

电话：营销中心 010-68180820　　　　总编室 010-68182524

网址：http://www.crtvup.com.cn

地址：北京市海淀区西四环中路 45 号　　**邮编**：100039

经销：新华书店北京发行所

策划编辑：沈海哲　　　　　　　**责任校对**：冯　欢

责任编辑：周一心　　　　　　　**责任印制**：赵连生

印刷：廊坊十环印刷有限公司

版本：2019 年 1 月第 1 版　　　　2019 年 10 月第 2 次印刷

开本：787mm×1092mm　1/16　　**印张**：14.25　**字数**：198 千字

书号：ISBN 978-7-304-09657-1

定价：36.00 元

前 言 PREFACE

建设中国特色社会主义法治体系和法治国家，从"法律之治"迈向"良法善治"，是国家治理领域一场广泛而深刻的革命。进行这样一场深刻的革命，必须在中国共产党的领导下，坚持中国特色社会主义制度，贯彻中国特色社会主义法治理论，形成完备的法律规范体系、高效的法治实施体系、严密的法治监督体系、有力的法治保障体系，形成完善的党内法规体系，坚持依法治国、依法执政、依法行政共同推进，坚持法治国家、法治政府、法治社会一体建设，实现科学立法、严格执法、公正司法、全民守法，促进国家治理体系和治理能力现代化，同时也需要我们每一个人做社会主义法治的忠实崇尚者、自觉遵守者和坚定捍卫者。大学生作为社会新技术与新思想的前沿群体、推动社会进步的栋梁之材，理应成为社会主义法治中国建设的中坚力量。今天的大学生，都将成为明天科学立法、严格执法、公正司法、守法护法的主体，因此，让他们在大学里接受良好的法治思想与法律知识教育显得尤为重要。

远程高等学校的学生大多是来自各行各业的在职成人。他们在入学之前通过学校教育、培训、普法教育等多种途径，或多或少接触过法律知识，但是这些知识或许过于陈旧，或许偏于零散。他们在远程高等学校学习期间，学校专门为他们开设法律基础知识课程，让他们可以比较系统地学习法律基础知识，从而培养自身的法治思维，强化自身的法治意识，提升自身的法治能力，这既是学生素质培养的重要途径，也是法治社会建设的必然要求。为适应远程高等学校法律基础知识课程教学的需要，我们编写了这本《实用法律基础》教材。

我们编写组的同仁，长期从事远程高等教育法学教学，对在职成人远程学习、个别化自主学习、随时随地学习、基于工作需要学习这样一个学习模式与学习习惯比较了解。如何编写一本适合在职成人随时随地自主学习，满足这些工作在管理、生产、服务第一线的远程学习者实际工作需要的教材，一直是我们在思考和探索的问题。我们的这些思考和探索体现在这本《实用法律基础》教材中。

第一，在内容选取上力求实用。本教材没有采用一般法律基础知识读本依次讲授部门法的结构体系的方式，而是针对学习者在工作实际与日常生活中可能面临的相关法律问题而设计结构体系。教材内容尽可能贴近学习者的工作与生活实际，这样便于学习者解决在工作与生活中经常会遇到的法律问题。选取的案例力求典型并尽可能是学习者身边容易看到或者接触到的事例，让他们感到不陌生、好理解，能激发学习者的学习兴趣。

第二，在知识更新上力求及时。本教材编入的法律内容体现了最新的立法精神和司法动态，比如 2017 年 3 月 15 日通过的《中华人民共和国民法总则》、2018 年 3 月 11 日第 5 次修订的《中华人民共和国宪法》等，这些立法成果都在本教材中得以体现。

第三，在体例设计上力求创新。在知识陈述的基础上，我们在每章的开篇设计了"案例导读"，以激发学习者的学习兴趣，让学习者初步了解本章要学习的法律知识，形成整体的、初步的印象。章后设计了"案例导读评析"和"思考与练习"。"案例导读评析"能帮助学习者学会分析案例的思路与方法。"思考与练习"能督促学习者通过独立思考、小组讨论、实地调研等方式复习巩固每章所学知识，提升实践能力。在章节正文部分，在表述法律基础知识的过程中，还设计了"知识链接"和"以案学法"。我们力图通过"知识链接"拓展学习者的法律知识，通过"以案学法"解读实际案例，帮助学习者更好地理解法律知识和法律条文，力争做到让学习者一看就懂、一学就会。

第四，在语言表达上力求通俗易懂。本教材的学习者是非法学专业的学生，开设本课程的目的主要是普及法律基础知识，因此，教材在语言表达上尽可能做到简洁明了、通俗易懂。

本教材由刘琳负责设计和统稿。各章编写分工如下：第一章、第五章由刘琳（湖南广播电视大学）编写，第二章由高中（湖南大学）编写，第四章、第七章由万金湖（湖南广播电视大学）编写，第六章由姜志刚（湖南大学）编写，第三章由赵斌（怀化广播电视大学）编写。

在本教材的编写过程中，湖南大学、湖南广播电视大学的专家、教授对本教材的编写提出了许多宝贵的意见，同时，我们阅读了前辈、同行的许多著作与论文，前辈与同行的研究成果给了我们许多的启迪，在此一并致以最诚挚的谢意。

限于研究能力，本教材中一定存在疏漏和不当之处，敬请同行和学习者指正，以便我们修正。

编　者

2018 年 12 月

目 录

CONTENTS

第一章

法与公民生活

1. 对法及法的特征有基本的认识。

2. 知道法与其他社会规范的关系。

3. 准确掌握法在公民生活中的规范作用，并能自觉遵守法律、崇尚法律。

案例导读

　　某大学制定了《××学校学生管理规定》，其中有一条："凡考试作弊者，该课程成绩以零分计，舞弊考生给记过处分。"舞弊学生张某不服学校依照这个管理规定对自己做出的记过处分，认为《××学校学生管理规定》是学校的校纪校规，不是法律，不具有强制性，自己可以不受其约束。

　　请思考：

　　学校的校纪校规是不是法？是否具有强制性？对张某是否有约束力？

　　这个实例涉及对法的认识问题，我们认真学习本章内容之后，就能回答这些问题。

第一节　什么是法

什么是法？在不同的时代，许多的思想家、法学家站在不同的角度对法的定义都作过阐释。例如，美国法学家罗斯科·庞德（Roscoe Pound）说："我把法理解为发达的政治上组织起来的社会高度专门化的社会控制形式——一种通过有系统有秩序地适用社会强力的社会控制。"我国汉代思想家桓宽认为："法者，刑法也，所以禁强御暴也。"按照我国法学界的普遍说法，法是国家制定或认可、并由国家强制力保证其实施的、反映统治阶级意志的社会规范体系。法通过规定人们在相互关系中的权利和义务，以确认、维护和发展有利于统治阶级的社会关系和社会秩序。

一、法的特征

（一）法是调整人的行为的社会规范

法律是针对人的行为而设立的，法律规定在一定情况下人们应当做什么、禁止做什么、可以做什么以及违反法律的后果，从而确立明确的行为模式和标准。以《中华人民共和国婚姻法》（以下简称《婚姻法》）的规定为例，第二十条："夫妻有互相扶养的义务"，这条规定的是应当做什么；第二十一条："禁止溺婴、弃婴和其他残害婴儿的行为"，这条规定的是禁止做什么；第二十二条："子女可以随父姓，可以随母姓"，这条规定的是可以做什么。人们可以根据法律的明确规定，选择正确的行为或行为方式。

（二）法是由国家制定或者认可的社会规范

法是由国家制定或认可的，没有国家就不可能有法的存在，这是法与其他社会规范的重要区别之一。无论是法的制定还是法的认可，都与国家权力密不可分。在国家主权所及的范围内，法律具有普遍的约束力，每个人都必须遵守。其他社会规范，如各种道德规范、宗教规范、社会礼仪、习惯准则等，它们都不是由国家制定或认可的，不具有普遍性和统一性。

（三）法是以权利和义务为主要内容的社会规范

法是规定人们权利和义务的社会规范，法通过规定人们在一定社会关系中的权利与义务来确认、维护和发展一定的社会关系和社会秩序。例如，我国《婚姻法》第二十一条规定："父母对子女有抚养教育的义务；子女对父母有赡养扶助的义务。父母不履行抚养义务时，未成年的或不能独立生活的子女，有要求父母付给抚养费的权利。子女不履行赡养义务时，无劳动能力的或生活困难的父母，有要求子女付给赡养费的权利。"通过此条规定，确立了父母与子女之间的抚养教育与赡养扶助的权利和义务关系。

（四）法是由国家强制力保证实施的社会规范

法不同于其他社会规范，它是以国家强制力为后盾，由国家强制力保证实施的。不管人们的主观愿望如何，人们都必须遵守法律的规定，不履行法律规定的义务将受国家强制力的干涉，由国家相关部门依照法定的程序追究行为人的法律责任。但国家强制力并不是保证法的实施的必经途径或唯一方式，如果人们自觉遵守法律或者民事违法行为人能主动承担民事责任，就不需要国家强制力的干预。另外，法制教育、社会舆论、道德观念等都能促进法的实施。

二、 法的本质

法的本质是什么？历史上关于法的本质存在多种观点和理论。马克思主义关于法的本质的观点，包括以下两个方面。

（一）法是统治阶级意志的体现

所谓"统治阶级"是指掌握了国家政权，在经济上、政治上、思想上占统治地位的阶级。只有这样的阶级才能凭借国家政权的力量将本阶级的意志转变为整个社会共同遵循的法。法属于社会结构中的上层建筑，体现的是统治阶级的整体意志。统治阶级通过一定的程序，经由国家机关把本阶级的意志上升为国家意志，并将其制定为法律。统治阶级的意志只有表现为国家制定或认可的规范性文件，才具有法的效力，才是国家意志。

（二）法的内容是由统治阶级的物质生活条件决定的

物质生活条件主要是指物质生活资料的生产方式、与人类生存相关的地理环境和人口状况等因素。这些因素构成了社会的基本经济关系，这些基本经济关系又是统治阶级的物质欲望和要求的基础，并不断形成其阶级意志的具体内容。物质决定意识，法所体现的统治阶级意志，是由统治阶级的物质生活条件决定的，是社会客观需要的反映。离开了物质生活条件，无法产生统治阶级的意志，自然也不可能有法。例如，在封建社会时期，统治阶级就不可能制定出有关互联网的法律。

三、 法的渊源

法的渊源主要是指法的效力来源，是法律的具体外部表现形式。法的渊源是发展的，不同时代、不同的国情，法的渊源多有不同。一个国家有多少种法的渊源，有什么样的法的渊源体系，主要由该国的具体国情决定。

我国法的渊源是指由国家权力机关制定或认可的，具有不同法律效力或地位的各种法的不同表现形式。法的渊源主要是以宪法为核心的各种法，包括宪法、法律、行政法规和行政规章、地方性法规和地方性规章、民族自治地方的自治条例和单行条例、特别行政区法、国际条约。

宪法是我国的根本大法，是我国一切法的渊源，它由全国人民代表大会制定，具有最高的法律地位和法律效力。法律是由全国人民代表大会及其常务委员会依法制定和颁布的，法律的地位与效力仅次于宪法。由全国人民代表大会制定的是基本法律，如刑法、民法总则、民事诉讼法、刑事诉讼法等。由全国人民代表大会常务委员会制定的是基本法律以外的其他法律，如公司法、行政处罚法、国家赔偿法、法官法、教育法等。行政法规是由最高国家行政机关国务院根据宪法和法律在其职权范围内制定的有关国家行政管理活动的规范性文件。其地位和效力低于宪法和法律，且不得与宪法和法律相抵触。行政法规的名称通常是"条例""规定"或"办法"等。

第二节　法与其他社会规范

社会规范是指调整人与人之间社会关系的行为规范。社会规范表现为风俗习惯、道德规范、法律规范、宗教规范等各种不同的具体形式，法只是其中的一种形式。不同种类的社会规范，对调整社会关系所起的作用各不相同。社会规范是社会控制的重要手段，各种社会规范互相配合，形成一个社会规范体系，调整人们各个方面的社会行为，维护一定的社会秩序。

一、法与风俗习惯

风俗习惯是出现最早、最普遍的一种社会规范。风俗习惯是不成文的，是在一定地域内自发形成或约定俗成的，反映该地区成员共同需要的行为模式和行为惯性。这些风俗习惯在一定程度上维持和调整一定区域内社会成员之间的关系，对社会成员有非常强烈的行为制约作用，且是在没有外部压力的情况下实现的。风俗习惯，由于是传统的、长期存在的，被人们反复不断地长期遵循，渗入人们的日常生活，有许多如今已经成为民间婚丧嫁娶、邻里关系处理的"定式"。比如，每逢端午节、中秋节的"送节礼"。风俗习惯是世代相传的，是当地群众普遍认可和遵守的行为规范，尤其是在广大农村地区，民间习俗具有很强的生命力。

风俗习惯是道德和法律的基础，有辅助法律的作用。法律的产生、发展与风俗习惯存在一定的联系。在原始社会时期，国家未出现前，调整社会关系的主要规范是风俗习惯，这些风俗习惯在当时就具有相当于法律的效力。在国家产生后，一些风俗习惯就演变成了习惯法，有些习惯法最后又演变成了成文法。有的虽然没有演变成法律规范，但也成了约束或规范人们某种行为的道德规范。

二、 法与道德

道德是评价人们善与恶、光荣与耻辱、正义与非正义的行为规范的总和。道德规范是比风俗习惯高一层次的社会规范。道德通常存在于人们的意识中，是通过社会舆论确立的。道德是依靠社会舆论、社会习俗、人们内心信念的力量来促使人们遵守的，不道德的行为会受到人们的谴责。

法与道德有许多共同的特点，一国范围内的法与统治阶级的道德都是统治阶级的整体意志的体现。法与统治阶级的道德相互渗透、相辅相成，从不同的角度来行使维护统治阶级利益和社会秩序的职能。道德对法有补充作用。道德和法律在某些情况下会相互转化。但它们是两个不同的社会规范，道德规范调整的社会关系的范围比法律规范要大，道德上的义务不一定是法律上的义务，道德上受谴责的行为不一定会受到法律的制裁；道德规范的遵守主要靠社会舆论，法律规范的遵守靠国家强制力。

在现实生活中，法与道德常常也会发生冲突，主要表现为合法不合理、合理不合法。如老父亲打死祸害乡里的儿子，合理不合法。从道德上来说，父亲的大义灭亲行为会得到大多数人的认可；但从法律上来说，对父亲打死儿子的行为要追究其刑事责任。

以案学法

林某和梅某是临海市同一个小镇上的人，经人介绍认识后结婚，两人感情一直不错，婚后生下一个女儿，梅某在家带孩子和照顾公婆，林某则前往外地做点小生意。婚后第三年，一场车祸导致林某被撞伤，构成一级伤残，意识模糊，生活起居完全不能自理，处于植物人状态。林某在发生交通事故后，获得 75 万元的赔偿款。梅某每天的日常生活，从照顾女儿和老人变成了照顾女儿、老人和丈夫。这样的状况持续了三年。

2014 年，梅某向临海市人民法院提起了离婚诉讼，以法院判决不予离婚终结。公婆坚决不同意离婚，认为夫妻有扶养义务，不能离弃。正是这个离婚的决定，让梅某成了争议的焦点。在小镇里，她这么做是不为大多数人所理解的，因为这意味着她要抛弃变成植物人的丈夫，这种行为是无情无义的，是不道德的。

后来，梅某再次起诉离婚，临海市法院经审理后认为，根据我国《婚姻法》的规定，离婚的标准在于夫妻感情是否确已破裂。梅某多次起诉要求与林某离婚，态度十分坚决，故最终认为原告、被告之间夫妻感情确已破裂，已无和好可能，故判决准予双方离婚，女儿由梅某抚养。

学法：

我国《婚姻法》第三十二条规定："人民法院审理离婚案件，应当进行调解；如感情确已破裂，调解无效，应准予离婚。"据此规定，我们可知"夫妻感情确已破裂"是人民法院审理离婚案件判决准予离婚的法定条件。《最高人民法院关于人民法院审理离婚案件如何认定夫妻感情确已破裂的若干具体意见》中规定，"一方有生理缺陷，或其他原因不能发生性行为，且难以治愈的"，视为夫妻感情确已破裂。一方坚决要求离婚，经调解无效，可依法判决准予离婚。

本案中，梅某第一次起诉离婚时，法院没有判离，是考虑两人的婚姻基础、婚后感情，林某因交通事故处于植物人状态，尚需关爱和亲人的照顾等因素，更希望梅某能发扬传统美德，履行扶养及照顾义务，积极扶助对方，在生活上、精神上给予林某关心和照顾，共同渡过难关。

梅某第二次起诉离婚时，林某仍处于"植物人"状态，已经无治好的可能，无法共同生活也无法履行夫妻义务，夫妻关系名存实亡。实际上他们夫妻双方已分居多年，从梅某多次起诉离婚的情况看，夫妻感情确实已经破裂，符合我国

《婚姻法》准予离婚的法定条件。而且林某有赔偿款，生活有足够保障，但林某是无民事行为能力人，显然不适合抚养女儿，所以法院判决准予双方离婚，女儿由梅某抚养。在本案中，梅某抛弃变成植物人的丈夫看似是不道德的，但她提出离婚的理由是符合法律规定的，法院判决离婚也是有法律依据的。

资料来源：佚名. 丈夫出车祸成植物人 妻子照顾3年起诉离婚 法院判离 ［EB/OL］. ［2018-04-22］. http：//news. 163. com/18/0422/02/DFVBLJNT0001875 P. html. （本文有改动）

三、 法与村规民约

（一）什么是村规民约

村规民约是根据相关法律、法规和政策，结合本村实际，制定的涉及村风民俗、社会公共道德、社会管理、精神文明建设等方面，用以约束、规范村民行为的一种行为规范。在我国历史上，村规民约源远流长，是村民进行自我管理、自我教育、自我约束的有效形式，属于《中华人民共和国宪法》（以下简称《宪法》）第二十四条规定的"各种守则、公约"中的一种。据国务院新闻办公室2017年12月15日发表的《中国人权法治化保障的新进展》白皮书介绍，截至2016年，全国98%的村制定了村规民约或村民自治章程。

村规民约，不可用法律来替代。虽说农村生活的很多方面都有国家的法律保障，但法律不能涵盖生活的方方面面，对于不能纳入法律范畴的，需因地制宜，根据各地的民间习俗，制定符合要求的村规民约加以约束。同时，村规民约与老百姓的生活息息相关，是人们亲身体验利弊得失后自发订立的，所以其认同感发自人们内心，最容易得到大家的支持，执行起来很容易落实到位，往往能够取得立竿见影的治理效果。

以下是一个村规民约的样例。

村规民约

为了推进我村"外修生态，内修人文"，深化"文明乡村"创建，践行社会主义核心价值观等工作，将我村建设成为"市级"文明示范村，经村民代表讨论通过，特制定本村规民约，望全体村民共同遵守。

1. 倡导社会主义核心价值观

树立远大正确的理想信念和"文明乡村"的价值理念，自觉参与文明户、文明村创建以及村级道德讲堂等活动。

2. 倡导爱国守法

爱国、爱村、爱家、爱业，自觉遵守各种法律法规，拥军优属。不损坏、偷盗集体或个人财物，不乱砍滥伐，不偷采集体资源，不参加"黄赌毒"活动，不传播淫秽物品，不参与违法电信诈骗，不搞封建迷信活动，不参与法轮功等邪教组织，不阻碍公务，不非法同居，不未婚先孕，不遗弃婴儿。

3. 倡导保护环境

积极参与治"五乱"（柴草乱放、粪土乱堆、垃圾乱倒、污水乱泼、禽畜乱跑）和环保行动，营造优美生态环境和宜居村庄环境。不在房前圈养牲畜，养狗、蛇等具有攻击性的动物要向村委会申报备案，并做好看管工作，出现伤人事件要主动履行赔偿义务。

4. 倡导文明新风

厉行节约，坚持文明旅游、文明交通、文明祭扫、文明用餐、文明过节，认真贯彻党风廉政建设，积极参与全民健身运动。待客或红白喜事不大操大办、不铺张浪费、不搞封建迷信、不在室外打牌、不聚众赌博、不随意带火种上山或乱扔烟头、不乱拉乱接电线。

5. 倡导团结邻里

尊重他人的生活习惯和合法宗教信仰，提倡邻里和睦。不排斥、刁难移民和外来人员，不寻衅滋事，不酗酒闹事，不搬弄是非，不打架骂人，不侮辱、诽谤他人。

6. 倡导先进文化

尊师重教，积极捐资助学；耕读传家，打造书香门第；积极参加文化体育活动。不让适龄子女中途辍学、务工。

7. 倡导诚信经营

言而有信，诚实做人。按时归还他人财物和银行借款。在生产销售商品过程中，不坑蒙拐骗、不掺杂使假。

8. 倡导孝老爱亲

赡养老人，关爱子女，夫妻和睦，多抽时间陪伴父母。不搞性别歧视，不搞家庭暴力。

9. 倡导志愿服务

自觉弘扬"奉献、友爱、互助、进步"的志愿服务精神，积极参与邻里守望、环境保护、科普、文化传播、关爱留守群体等学雷锋志愿服务队，学雷锋，做好人，助人为乐，扶贫助残。当他人财产和人身安全受到威胁的时候，能挺身而出，见义勇为。

10. 倡导集体主义

树立"村盛我荣、村衰我耻"和"八荣八耻"的价值理念，热爱集体，热心公益，积极参与"一事一议"等集体建设，积极参与森林防火、灭火等活动，自觉保护集体财产和集体利益不受损失。当个人利益与集体利益、国家利益相冲突时，应以集体利益和国家利益为先。

凡违反本村规民约，调查核实后，经村民委员会集体讨论、决定，将在全村予以通报批评，经批评教育整改无效的，不得评为文明户、"身边好人"，不能获得其他荣誉，同时取消该户享受相关惠农政策的资格。

外来人员在本村居住的参照执行本村规民约。

诗山镇钱塘村村民委员会

资料来源：佚名. 钱塘村 2018 年村规民约［EB/OL］.［2018-03-24］. http://cunwu.cuncun8.com/index.php?ctl=village&act=articleedit&geoCode=68176400&category_code=472907776&id=2031646.

（二）法与村规民约的关系

村规民约不是法，村规民约与法律、法规都是告诉人们什么可以做、什么不可以做的行为规范，都具有约束力。但二者有根本的区别：① 村规民约只在本村范围内有效；而法律、法规一经实施，在全国范围内具有普遍约束力。② 村规民约的执行主要依靠道德、舆论的力量，靠村民的自觉遵守；而法律、法规的执行，主要是靠国家的强制力来保证。③ 违反村规民约，主要是对其进行批评教育，并辅以适当的经济制裁；而违法者要承担相应的民事、行政甚至刑事责任。

村规民约是村民会议基于《中华人民共和国村民委员会组织法》授权而制定的，是用来填补法律空白的，不能与已有的法律相冲突。凡是违反法律强制性规定的或与现行法律相冲突的村规民约，都不具有法律效力，不能用来约束村民。

 **以案学法**

2015 年以来，永兴县黄某所在的村民小组部分土地被征收，组上先后三次给本组每个成员分配了土地补偿款共 17 450 元，却以村规民约规定"外嫁女不得享受本组土地补偿款"为由，拒绝分配给黄某。黄某多次要求分配未果。2016 年 11 月，黄某来到永兴县法律援助中心寻求帮助。据律师调查，黄某于 2013 年与他人非婚生下一小孩，一直未结婚及落户他地，也从未丧失过小组成员资格。随后，律师收集了户籍证明、组征地补偿款分配表等证据，代理黄某诉至法院。经过审理，法院依法判决村民小组限期支付黄某征地补偿款 17 450 元。该村民小组不服判决，上诉至郴州市中级人民法院。二审中，村民小组坚持认为，自身对该集体征地补偿款的分配进行过表决，形成了村规民约，应当遵循。最终，二审法院判决驳回上诉，维持原判，黄某的合法权益得以维护。

学法：

农村征地后，土地补偿款应如何分配？实践中不乏侵害妇女合法权益的事例发生。2005 年，最高人民法院出台了《最高人民法院关于审理涉及农村土地承包纠纷案件适用法律若干问题的解释》，其中第二十四条规定，农村集体经济组织或者村民委员会、村民小组，可以依照法律规定的民主议定程序，决定在本集体经济组织内部分配已经收到的土地补偿款。征地补偿安置方案确定时，已经具有本集体经济组织成员资格的人，请求支付相应份额的，应予支持。本案中，黄某一直未结婚及落户他地，也就具有本集体经济组织成员资格，应该与其他村民一样分到补偿款。农村村民组织对征用土地补偿款的分配虽然属于村民自治范畴，但不能违反有关法律的规定，黄某要求分得土地补偿款有法律依据。

《村民组织法》赋予了农民集体对农村事务、村民管理依法享有一定的自治权。农村村民组织可以制定村规民约，但不能与宪法、法律、法规相抵触。我国《妇女权益保障法》第三十二条规定，妇女在农村土地承包经营、集体经济组织收益分配、土地征收或者征用补偿费使用以及宅基地使用等方面，享有与男子平等的权利。第三十三条规定，任何组织和个人不得以妇女未婚、结婚、离婚、丧偶等为由，侵害妇女在农村集体经济组织中的各项权益。根据法律规定，农村集体经济组织有权依法经民主议定程序决定土地补偿款的分配，但不能侵害其他集体组织成员权益，与法律规定相抵触的村规民约是无效的。黄某的合法权益应当受到法律保护。

资料来源：刘春兰．村规民约不能代替法律 永兴"外嫁女"成功维权．[EB/OL]．[2017-04-18]．http：//hn. rednet. cn/c/2017/04/18/4269753. htm.（本文有改动）

四、 法与宗教

宗教是人类社会发展到一定历史阶段出现的一种文化现象，属于社会特殊意识形态。宗教的产生远早于法律，宗教是神化了的社会规范。它采取超自然的神秘形式，在一定社会中起着调整、规范人们行为的作用。在人类历史上曾出现过不同内容、不同形式的多种宗教。其中，传播最广、影响最大的宗教是基督教、伊斯兰教和佛教，它们通常被称为世界三大宗教。

法与宗教都是社会规范，都对人的行为进行约束，都是实现社会控制的规范体系。宗教与法在价值取向上有着某些相通之处，都包括"使人向善"，使人们遵守一定的社会秩序。但宗教不同于法律，法律一般只规范人的外部行为，宗教在规范人们行为的同时更侧重支配和约束人们的内心观念。宗教规范强调人对神的服从义务，所以宗教规范大都是义务性规范，无权利可言。宗教规范主要通过说教和人的内心感悟来达到社会控制的目的。

我国是一个多民族、多宗教的国家，为尊重各民族的宗教信仰，我国宪法确立了"宗教信仰自由"的原则，但宗教活动必须在宪法和法律规定的范围内开展。

第三节　法在公民生活中的作用

法在公民生活中的作用，是指法对公民行为和公民生活的影响。法与公民生活息息相关，法是公民生活的规则，法在公民生活中具有一系列的规范作用。

一、指引作用

法的指引作用指法对于人们行为的一种指导和引领。法律对公民生活最首要的影响应该是指引作用，法律的首要目的不是制裁违法行为，而是引导人们在法律范围内正确行为，合法参与社会生活。法律通过规定权利和义务来规范人们的行为，告诉人们可以做什么、有权做什么、不能做什么、应当或者必须做什么，从而引导人们在法律规定的范围内活动，自觉维护社会生活的正常秩序。

二、预测作用

法的预测作用指人们依据法律的规定，可以预先估计到自己和他人行为的后果，从而正确选择自己的行为方式。法律规范的内容具有相对的稳定性，可以反复适用。人们根据相关法律的规定，可以预测某种行为被法律所肯定或否定的性质以及它所导致的法律后果，从而自觉、自主地调整自己的行为，使之更加符合法律的规定。法的预测作用有助于提高人们的法律意识，减少和化解生活中的矛盾和纠纷，也有利于预防和减少违法犯罪行为的发生。

三、 评价作用

法的评价作用指法律作为一种行为规范，具有判断、衡量人们行为是否合法以及违法的性质和程度的作用。法的评价不同于道德评价、政治评价，它是一个比较客观的标准，法律评价的标准是合法与不合法。比如，法律要求行政机关及其公务人员依法行政，做出的行政行为必须要有法律上的根据，行政行为合法才能产生相应的法律效力，否则就是违法，就应当承担相应的法律责任。

四、 强制作用

法的强制作用指法律能运用国家强制力制裁和惩罚违法犯罪行为的作用。法的强制作用的目的在于实现法律规定的权利与义务，保证法的实施，维护法的权威以及社会秩序和社会正义。虽然法的实施主要依靠人们的自觉遵守，但对于少数违法犯罪的人来说，必要的制裁和惩罚是不可缺少的。通过制裁侵犯他人权利和不履行义务的违法行为，强制人们遵守社会生活准则。法以国家强制力为后盾，通过解决公民之间的权利义务纠纷和制裁违法犯罪来保护公民的合法权益。

五、 教育作用

法的教育作用指通过法的实施对人们的行为产生的积极影响。法的教育作用主要通过以下方式实现：一是通过人们对法律的了解和学习发挥教育作用；二是法律对各种违法犯罪行为的否定、制裁对人们起到警示教育作用；三是法律对合法行为的保护和奖励对人们起示范作用。法律的教育作用同样体现在法律的指引作用、预测作用、评价作用和强制作用中，法律通过对人们合法行为的肯定和对人们违法行为的否定教育人们要严格遵守法律，确保法律的实施。

案例导读评析

　　校纪校规是学校制定的学生必须遵守的纪律和规则，用来规范一所学校学生的语言和行为。校纪校规只在一个学校范围内具有约束力和指导作用，目的是强化学生的组织纪律性，培养学生良好的行为习惯，建立良好的教学秩序。我国《高等教育法》第十一条规定，高等学校应当面向社会，依法自主办学，实行民主管理。

　　学校的校纪校规不是法律，不具有强制性。法是国家制定或认可、并由国家强制力保证实施的、反映统治阶级意志的社会规范体系。校纪校规由学校制定，经审批或备案后，合法有效，对本校学生张某具有约束力，学生张某应该遵守学校的校纪校规，学校可以依据《××学校学生管理规定》给舞弊的张某记过处分。但校纪校规不具有强制执行力，不能动用国家暴力，主要靠学生自觉遵守，一般对违反者给予批评教育、责令改正或纪律处分等。如果校纪校规与法律法规相冲突的，该条规定无效。《普通高等学校学生管理规定》第六十八条规定，高等学校应当根据本规定制定或修改学校的学生管理规定，报主管教育行政部门备案（中央部委属校同时抄报所在地省级教育行政部门），并及时向学生公布。

思考与练习

1. 依据所学知识思考：中国共产党的章程是否可以作为法律渊源。

2. 对公民学法、懂法、守法的现状进行调研，写出一篇800字的调研报告。

第二章

宪法与公民的基本权利

学习目标

1. 知道宪法在法律体系中的地位以及我国的现行宪法，并能自觉遵守宪法，维护宪法的权威。

2. 准确掌握我国公民享有的基本权利与应该履行的基本义务，并能正确行使权利、自觉履行义务。

3. 能运用宪法相关知识维护公民的合法权益。

案例导读

　　蔡某是某报社时政评论专栏的特聘记者兼责任编辑，因采访和客观报道拖欠农民工工资迟迟得不到解决、对有关部门的不满等新闻而被当地新闻主管部门警告。后来，蔡某又将当地某些干部经常进入高档娱乐场所、包养情妇等腐败行为公诸报端。当地新闻主管部门以影响社会稳定且屡教不改为由，吊销了蔡某的记者证，并撤销其所在报社社长和总编辑的职务。蔡某等不服，向上级新闻主管部门提请复议，上级新闻主管部门做出维持原处分的决定。蔡某等向当地法院提起诉讼。

请思考：

本案例中，蔡某行使了哪些宪法权利？当地新闻主管部门对蔡某等的处分是否符合宪法规定？

这个实例涉及宪法规定的公民基本权利以及公民如何保护自己的合法权益等问题，认真学习宪法相关规定和本章内容之后，就可以回答这些问题。

第一节　什么是宪法

宪法是规定公民的基本权利和义务、国家的政治体制等国家根本性问题，以规范和约束国家权力，保障公民基本权利为目的的法律规范。

一个国家有许多法律，如民法、行政法、刑法、民事诉讼法等。宪法只是其中的一种，但是，宪法不是一般法，它在国家的法律体系中居于根本法的地位，是一个国家的根本大法。

一、宪法的特征

宪法作为国家根本法的特征主要体现在以下三个方面。

第一，宪法内容的根本性。宪法的内容不同于一般的法律，宪法规定的是国家生活中最根本、最重大的问题，规定了国家的根本制度和根本任务，是国家的总章程。宪法内容明确规定了社会生活、国家生活的各个方面，如国家的性质、国家的政权组织形式、国家结构形式、经济制度、公民的基本权利和义务、国家机构的组织体系和它们的组织与活动原则、国家象征等问题，它是国家和公民活动的法律基础。而其他法律通常只涉及国家生活和社会生活中某些方面或某一方面的问题，如民法规定的是平等主体之间的人身关系和财产关系问题，刑法规定的是犯罪和刑罚问题等。

第二，宪法效力的最高性。宪法的法律效力高于一般的法律，具有最高的法律效力和最高的权威性。主要表现在：① 宪法是普通法律制定的立法依据和基础。如我国刑法、民事诉讼法、刑事诉讼法等都在第一条明确规定了它的立法依据是宪法。② 一切法律法规都不得与宪法相抵触。普通法律的内容都必须符合宪法的规定，与宪法内容相抵触的法律内容无效。③ 宪法是一切国家机关、社会组织以及全体公民的最高行为准则。

第三，宪法制定和修改程序的严格性。由于宪法规定国家根本制度和根本任务等涉及国家全局的根本性问题，宪法的制定和修改程序比一般的法律更为严格。根据我国宪法的规定，中华人民共和国全国人民代表大会为最高国家权力机关，是唯一有权修改宪法的机关。我国宪法的修改必须由全国人民代表大会常务委员会或者五分之一以上的全国人民代表大会代表提议，并由全国人民代表大会以全体代表的三分之二以上的多数通过才有效。其他法律只需由全国人民代表大会以全体代表的过半数通过即可。

二、 中华人民共和国成立后的四部宪法

中华人民共和国成立后，国家先后在不同的历史阶段制定了相应的宪法。

（一）1954 年宪法

1954 年 9 月 20 日，中华人民共和国第一届全国人民代表大会第一次会议通过、颁布了《中华人民共和国宪法》。这是中华人民共和国的第一部宪法，由序言，总纲，国家机构，公民的基本权利和义务，国旗、国徽、首都五部分组成，共 106 条。这部宪法以立法的形式巩固了中国人民革命的成果和中华人民共和国成立五年来取得的新胜利，反映了中国广大人民建设社会主义的共同愿望。宪法以中国共产党提出的"党在过渡时期的总路线"作为国家的总任务，并把党所创建的基本制度和党所制定的基本方针、重要政策予以宪法化、条文化，为我国后来的民主建设与制度建设奠定了基础。

（二）1975 年宪法

1975 年 1 月 17 日，中华人民共和国第四届全国人民代表大会第一次会议通过了我国第二部宪法。1975 年的宪法是在"文化大革命"这个特殊历史背景下制定的，共 30 条。它把"文化大革命"中的许多错误理论和做法加以法律化，使之成为国家生活的最高准则，这是一部存在严重缺陷、极不完善的宪法，带有比较浓重的"文化大革命"色彩。

（三）1978 年宪法

1978 年 3 月 5 日，中华人民共和国第五届全国人民代表大会第一次会议通过了我国第三部宪法，即 1978 年宪法，包括序言，总纲，国家机构，公民的基本权利和义务，国旗、国徽、首都五个部分，共 60 条。1978 年宪法继承了 1954 年宪法的一些基本原则，在一定程度上纠正了 1975 年宪法中存在的缺陷，但并没有完全摆脱 1975 年宪法的影响，虽然后来经过了两次修改，但远不能适应我国社会主义现代化建设发展的需要。

（四）1982 年宪法

1982 年 12 月 4 日，中华人民共和国第五届全国人民代表大会第五次会议上通过了我国第四部宪法，即 1982 年宪法。这部宪法分为序言，总纲，公民的基本权利和义务，国家机构，国旗、国徽、首都五个部分，共 138 条。第四部宪法继承和发展了 1954 年宪法的基本原则，规定了国家的根本任务和根本制度，总结了中国社会主义发展的经验，并吸收了国际经验，是一部具有中国特色的较为完备的社会主义宪法。

1982 年宪法实施以后，为了适应我国社会主义现代化建设的新形势和发展需要，全国人民代表大会分别于 1988 年 4 月、1993 年 3 月、1999 年 3 月、2004 年 3 月、2018 年 3 月公布了《中华人民共和国宪法修正案》，对 1982 年宪法逐步进行修改完善，修改内容涉及序言、总纲、公民基本权利、国家机构、国歌等内容，修改后的宪法为现行宪法。

1988 年 4 月 12 日，第七届全国人民代表大会第一次会议通过的宪法修正案，对私营经济的地位、作用和国家对私营经济的政策做了明确规定；对土地使用转让问题做了补充规定。

1993 年 3 月 29 日，第八届全国人民代表大会第一次会议通过的宪法修正案，对原宪法做了 9 处修改，将"社会主义初级阶段""建设有中国特色社会主义的理论""坚持改革开放"及"中国共产党领导的多党合作和政治协商制度"等写入了宪法；将"国营经济"修改为"国有经济"；将"国家在社会主义公有制基础上实行计划经济"修改为"国家实行社会主义市场经济"。该宪法修正案内容还涉及政协制度、县市级人民代表大会任期等。

1999 年 3 月 15 日，第九届全国人民代表大会第二次会议通过的宪法修正案，对原宪法做了 6 处修改，把邓小平理论的指导思想地位、依法治国的基本方略、国家现阶段的基本经济制度和分配制度及非公有制经济的重要作用等写进了宪法。

2004 年 3 月 14 日，第十届全国人民代表大会第二次会议通过了宪法修正案。该宪法修正案确立"三个代表"重要思想在国家政治和社会生活中的指导地位，增加推动物质文明、政治文明和精神文明协调发展的内容，在统一战线的表述中增加社会主义事业的建设者，完善土地征用制度，进一步明确国家对发展非公有制经济的方针，完善对私有财产保护的规定，增加建立健全社会保障制度的规定，增加尊重和保障人权的规定，完善全国人民代表大会组成的规定，作出关于紧急状态的规定，规定国家主席进行国事活动的职权，修改乡镇政权任期的规定，增加对国歌的规定等。

2018 年 3 月 11 日，第十三届全国人民代表大会第一次会议通过的宪法修正案。该宪法修正案共 21 条，内容包括确立科学发展观、确立习近平新时代中国特色社会主义思想在国家政治和社会生活中的指导地位、调整充实中国特色社会主义事业总体布局和第二个百年奋斗目标的内容、完善依法治国和宪法实施举措、充实完善我国革命和建设发展历程的内容、充实完善爱国统一战线和民族关系的内容、充实和平外交政策方面的内容、充实坚持和加强中国共产党全面领导的内容、增加倡导社会主义核心价值观的内容、修改国家主席任职方面的有关规定、增加设区的市制定地方性法规的规定、增加有关监察委员会的各项规定、修改全国人民代表大会专门委员会的有关规定等。

第二节 公民的基本权利和义务

宪法是"公民权利的保障书",公民的基本权利和义务是宪法的核心内容,反映了公民在国家生活中的地位。我国现行宪法比较全面地规定了公民的各项基本权利和义务,并为公民基本权利的实现设定了一整套保障机制。

一、 公民的基本权利

公民的基本权利是指公民依照宪法规定享有的政治、经济、文化和人身等方面的基本权利。它是每个公民的正常生活中最主要的、必不可少的权利。对于公民的基本权利,任何组织和个人都不得随意限制与剥夺。

(一) 平等权

平等权是我国公民的一项基本权利,指公民依法同等地享有权利和履行义务。我国《宪法》第三十三条规定:中华人民共和国公民在法律面前一律平等。平等权包含三个方面的内容:① 所有公民都平等地享有宪法和法律规定的权利,同时平等地履行宪法和法律规定的义务;② 国家机关在适用法律时,对于所有公民的保护或者制裁都是平等的,不得因人而异;③ 任何组织或者个人都不得有超越宪法和法律的特权。

在现实生活中,有的妇女在家庭关系中不能享有与男子平等的地位和权利;在遗产继承上,女儿不能继承与儿子同等份额的遗产,甚至被剥夺继承权;农村妇女不能同男子一样平等地分得承包地、自留地、宅基地;单位裁员时先裁女职工等。以上现象都是侵犯了女性公民的平等权利。

以案学法

2014 年 6 月 24 日，应届毕业生郭某在某招聘网站上看到某公司在招聘文案人员，她认为自己的学历以及实习经验符合该公司的要求，便在网上提交了简历。等待多天后没有得到任何回复，郭某又浏览了该招聘网站相关的页面，才发现招聘页面上写着"限男性"的要求。郭某表示不解，多次向对方咨询，并到该公司当面了解，对方坚持只要男性，表示这个岗位不适合女生。郭某以就业歧视为由在当年 7 月向法院提起诉讼。

法官认为：被告不对原告是否符合其招聘条件进行审查，而直接以原告为女性、其需招录男性为由拒绝原告应聘，其行为侵犯了原告平等就业的权利，对原告实施了就业歧视。法院判定被告侵犯了女生郭某的平等就业权，赔偿郭某精神损失费 2 000 元。

学法：

被告侵犯了女生郭某的平等就业权。宪法规定，中华人民共和国公民在法律面前一律平等。在我国，所有劳动者选择职业和就业的机会都是平等的，不因其他因素的差异而受到歧视。本案中，被告因为郭某是女生而拒绝录用的行为是对女性的歧视，侵犯了女性的平等就业权，其行为违法。

除宪法规定外，就业平等权的法律保护条款还有《中华人民共和国劳动法》（以下简称《劳动法》）第十二条规定，劳动者就业，不因民族、种族、性别、宗教信仰不同而受歧视。《中华人民共和国就业促进法》第二十六条规定，用人单位招用人员、职业中介机构从事职业中介活动，应当向劳动者提供平等的就业机会和公平的就业条件，不得实施就业歧视。第二十七条规定，国家保障妇女享有与男子平等的劳动权利。用人单位招用人员，除国家规定的不适合妇女的工种或者岗位外，不得以性别为由拒绝录用妇女或者提高对妇女的录用标准。

资料来源：周竟．"浙江就业性别歧视第一案"：女大学生胜诉［EB/OL］．［2014-11-14］．http：//news. sohu. com/20141114/n406016446. shtml.（本文有改动）

（二）政治权利和自由

政治权利和自由，是指公民依据宪法和法律规定享有的参加国家政治生活的权利和自由。它包括公民的选举权和被选举权及公民的言论、出版、结社、集会、游行和示威的自由。

1. 选举权和被选举权

我国宪法规定，除被依法剥夺政治权利的人外，所有年满 18 周岁的中华人民共和国公民都有选举权和被选举权，不受民族、种族、性别、职业、家庭出身、宗教信仰、教育程度、财产状况和居住期限的限制。选举权和被选举权是公民参加国家管理的最基本的手段，公民有权按照自己的意愿选举人民代表大会代表，也有被选举为人民代表大会代表的权利，对被选举的代表享有监督和罢免的权利。

知识链接

党的十九大代表结构和比例。中国共产党第十九次全国代表大会于 2017 年 10 月 18 日至 24 日在北京召开，选举产生了 2 287 名出席党的十九大的代表。从当选代表的情况看，代表结构与分布比较合理，各项构成比例均符合中央规定的条件，具有广泛代表性。当选代表中，工人、农民、专业技术人员等生产和工作第一线党员 771 名，占代表总数的 33.7%；女党员 551 名，占 24.1%；少数民族党员 264 名，占 11.5%，涵盖 43 个少数民族。代表分布广泛，当选代表来自方方面面，经济、科技、国防、政法、教育、宣传、文化、卫生、体育和社会管理等各行各业，省、市、县、乡镇村组和街道社区等各个层次，机关、企事业单位、人民团体等各个方面都有代表。

2. 言论自由

言论自由是指公民依照宪法享有的通过各种语言形式，对国家政治和社会中的各种问题表达其思想和见解的自由。言论自由既包括口头表达的自由，也包括书面表达的自由。

公民的言论自由必须在法律规定的范围内行使，不得用言论危害国家安全，不得用言论诬告、陷害其他公民，不得侮辱、诽谤、诋毁其他公民的人格尊严。

3. 出版自由

出版自由是指公民依照宪法和法律的规定，以出版物的形式表达自己的思想和见解的自由。公民依法行使出版自由的权利，各级人民政府应当予以保障。公民在行使出版自由的权利时，必须遵守宪法和法律，不得反对宪法确定的基本原则，不得损害国家的、社会的、集体的利益和其他公民合法的自由和权利。

4. 结社自由

结社自由是指公民为了一定的宗旨而依照法律规定的程序组织某种社会团体的自由。我国宪法规定的结社是指不以营利为目的的结社，主要指成立社会团体。成立社会团体必须符合我国法律规定，社会团体不得从事营利性经营活动。国家保护社会团体依照法律、法规及其章程开展活动，任何组织和个人不得非法干涉。

5. 集会、游行和示威自由

集会、游行和示威自由是公民依照法律规定，享有通过集会、游行和示威活动，发表意见、表达共同愿望的自由。国家十分重视公民的这项政治自由，专门制定了《中华人民共和国集会、游行、示威法》，对集会、游行和示威自由权利的行使加以规范化。公民在行使集会、游行和示威权利时，必须遵守宪法和法律，不得违反宪法所确定的基本原则，不得损害国家的、社会的、集体的利益和其他公民合法的自由和权利。集会、游行和示威的时间、地点、路线等都要按事先批准的内容进行。

（三）宗教信仰自由

宗教信仰自由，是中国共产党和中国政府长期坚持的一项基本政策，也是宪法赋予公民的一项基本权利。依法保障公民的宗教信仰自由，是尊重和保障人权的重要体现。

我国宪法对公民的宗教信仰做了具体规定。

1. 宗教信仰自由

宗教信仰由公民个人自由选择，任何国家机关、社会团体和个人不得强制公民信仰宗教或者不信仰宗教，不得歧视信仰宗教的公民和不信仰宗教的公民。

2. 宗教活动在宪法和法律允许的范围内进行

国家保护正常的宗教活动。任何组织或者个人不得利用宗教进行危害国家安全、破坏社会秩序、损害公民身体健康、妨碍国家教育制度，以及其他损害国家利益、社会公共利益和公民合法权益等的违法活动。

3. 宗教事务不受外国势力的支配

宗教团体、宗教院校、宗教活动场所、宗教教职人员在相互尊重、平等、友好的基础上开展对外交往；其他组织或者个人在对外经济、文化等合作、交流活动中不得接受附加的宗教条件。宗教团体、宗教院校、宗教活动场所不得接受境外组织和个人附带条件的捐赠。

（四）人身自由

人身自由，是指公民的人身不受非法侵害的自由。人身自由不受侵犯，是公民最基本的权利，是公民参加政治生活和社会活动以及享受其他权利的基础。我国宪法规定的公民人身自由权利主要包括以下几方面内容。

1. 人身自由不受侵犯

人身自由不受侵犯是指公民享有人身不受任何非法搜查、拘禁、逮捕、剥夺、限制的权利。我国《宪法》第三十七条规定："中华人民共和国公民的人身自由不受侵犯。任何公民，非经人民检察院批准或者决定或者人民法院决定，并由公安机关执行，不受逮捕。禁止非法拘禁和以其他方法非法剥夺或者限制公民的人身自由，禁止非法搜查公民的身体。"

2. 人格尊严不受侵犯

人格尊严不受侵犯是指与公民人身有密切联系的姓名、名誉、荣誉、肖像等不容侵犯的权利。我国《宪法》第三十八条规定："中华人民共和国公民的人格尊严不受侵犯。禁止用任何方法对公民进行侮辱、诽谤和诬告陷害。"

3. 公民住宅不受侵犯

公民居住、生活、休息的场所，任何单位或者个人都不得非法侵入或非法搜查。即使侦查人员为了执行任务需要对公民住宅进行搜查时也必须按法定程序进行，除紧急情况外，必须向被搜查人出示搜查证。在搜查的时候，应当有被搜查人或者其家属、邻居或者其他见证人在场。侵犯公民住宅权可构成犯罪，我国《刑法》第二百四十五条规定："非法搜查他人身体、住宅，或者非法侵入他人住宅的，处三年以下有期徒刑或者拘役。司法工作人员滥用职权，犯前款罪的，从重处罚。"

4. 通信自由和通信秘密受法律保护

公民使用书信、电话及其他通信手段，不受他人干涉，公民的通信他人不得扣押、隐匿、毁弃，公民通信、通话的内容他人不得私阅或窃听。我国《宪法》第四十条规定："中华人民共和国公民的通信自由和通信秘密受法律的保护。除因国家安全或者追查刑事犯罪的需要，由公安机关或者检察机关依照法律规定的程序对通信进行检查外，任何组织或者个人不得以任何理由侵犯公民的通信自由和通信秘密。"

 **以案学法**

一天，朱女士到某超市购物，准备离开时，超市的保安人员将其拦住，怀疑

她偷了超市的东西，要朱女士留下并要求其拿出所偷的物品。朱女士予以否认，表示自己没有偷拿超市任何东西。保安强行将其带到办公室盘问并对朱女士进行搜身，结果一无所获。朱女士因此受到很大刺激，为讨回公道，朱女士向当地人民法院起诉，要求超市和保安人员赔礼道歉，消除影响，并赔偿损失。

一审法院经审理认为，消费者的人格尊严和人身自由受法律保护，超市作为经营者，应当维护消费者的人格尊严，不得侵犯消费者的人身自由。超市将朱女士强行带到办公室并进行搜身的行为是对朱女士人格尊严和人身自由的严重侵犯。故判决超市方向朱女士赔礼道歉，消除影响，并赔偿1 000元。

学法：

人格尊严是法律赋予公民的一项基本权利。公民的人格尊严权，主要是指公民的姓名、名誉、荣誉、肖像等方面的权利。我国《宪法》《民法总则》和《消费者权益保护法》对人格尊严的保护都有明确规定。我国《宪法》第三十八条规定，中华人民共和国公民的人格尊严不受侵犯。禁止用任何方法对公民进行侮辱、诽谤和诬告陷害。我国《民法总则》第一百零九条规定，自然人的人身自由、人格尊严受法律保护。我国《消费者权益保护法》第十四条规定，消费者在购买、使用商品和接受服务时，享有其人格尊严、民族风俗习惯得到尊重的权利。

公民享有人身自由不受侵犯的权利。我国《宪法》第三十七条规定，中华人民共和国公民的人身自由不受侵犯。任何公民，非经人民检察院批准或者决定或者人民法院决定，并由公安机关执行，不受逮捕。禁止非法拘禁和以其他方法非法剥夺或者限制公民的人身自由，禁止非法搜查公民的身体。任何商场或个人都没有权利对顾客进行搜身、强行扣留、限制人身自由、罚款等。即使消费者真的偷了东西，确实需要搜身检查，也只有侦查机关才有权利。盗窃是违法行为，超市无权自作主张，只能移交公安机关处理。罚款是一种行政处罚措施，超市也无权做出处罚。

本案中，超市无端怀疑朱女士偷窃，又对朱女士进行非法盘查和搜身，严重侵犯了顾客的人格尊严权和人身自由权，超市应当对其违法行为承担相应的法律责任。

（五）社会经济权利

社会经济权利是公民享有的经济生活和物质利益方面的权利，是公民实现其他权利的物质上的保障，主要包括财产权、劳动权、休息权、物质帮助权。

1. 财产权

财产权是指公民个人通过劳动或其他合法方式取得财产和享有占有、使用、收益、处分财产的权利。国家保护公民的合法收入、储蓄、房屋和其他合法财产的所有权。

2. 劳动权

劳动权是指一切有劳动能力的公民有从事劳动并取得劳动报酬的权利。我国《宪法》第四十二条规定，中华人民共和国公民有劳动的权利和义务。国家通过各种途径，创造劳动就业条件，加强劳动保护，改善劳动条件，并在发展生产的基础上，提高劳动报酬和福利待遇。

3. 休息权

休息权是指劳动者休息和休养的权利。我国《宪法》第四十三条规定，中华人民共和国劳动者有休息的权利。国家发展劳动者休息和休养的设施，规定职工的工作时间和休假制度，以保证劳动者享受休息的权利。我国《劳动法》第四章对劳动者的休息权作了专门规定，严格规定了工作时间和休息时间，限制加班和延长劳动时间，并建立了保障劳动者这项基本权利实现的具体法律制度。如每日工作时间不超过 8 小时、每周工作时间不超过 44 小时的工时制度，享受公休假、法定休假、年休假、探亲假等。

4. 物质帮助权

物质帮助权是指公民因丧失劳动能力而不能获得必要的物质生活资料时，享有从国家和社会获得生活保障、享受集体福利的权利。我国《宪法》规定，公民在年老、疾病或者丧失劳动能力的情况下，有从国家和社会获得物质帮助的权利。国家通过建立养老保险、失业保险、医疗保险、社会救济、社会福利等社会保障制度，以保障公民享有这项权利。

（六）监督权和取得赔偿权

依照宪法规定，公民对于任何国家机关和国家工作人员，有提出批评和建议的权利；对于任何国家机关和国家工作人员的违法失职行为，有向有关国家机关提出申诉、控告或者检举的权利。由于国家机关和国家工作人员侵犯公民权利而受到损失的人，有依照法律规定取得赔偿的权利。

以案学法

张某和李某在同一条街上经营餐馆，因张某的餐馆生意红火，引起李某的嫉妒。于是李某找到在该区税务局工作的好友赵某帮忙。赵某在没有任何证据的情况下，以张某偷漏税款为由，对张某做出处罚，罚款5 000元。张某不服，提起赔偿请求。

学法：

我国《宪法》第四十一条规定，由于国家机关和国家工作人员侵犯公民权利而受到损失的人，有依照法律规定取得赔偿的权利。本案中，赵某在没有任何证据的情况下，对张某罚款5 000元，属于故意违法行使职权，侵犯了张某的财产权益，张某有权提起赔偿请求。我国的《国家赔偿法》第七条规定，行政机关及其工作人员行使行政职权侵犯公民、法人和其他组织的合法权益造成损害的，该行政机关为赔偿义务机关。赵某是区税务局工作人员，其违法行使职权的行为损害了张某的权益，应由区税务局进行赔偿。

（七）教育、科学、文化权利和自由

教育、科学、文化权利和自由的内容包括以下两点。

1. 受教育的权利

公民有受教育的权利和义务，国家通过开办各种学校、发展各类教育，对工人、农民、国家工作人员和其他劳动者进行政治、文化、科学、技术、业务的教育，鼓励自学成才。

2. 进行科学研究、文学艺术创作和其他文化活动的自由

对于从事教育、科学、技术、文学、艺术和其他文化事业的公民的有益于人民的创造性工作，国家应给予鼓励和帮助。

（八）特定主体的权利保护

特定主体的权利保护主要包括妇女权益的保护、老年人和儿童权益的保护以及华侨、归侨和侨眷权利保护三方面。

1. 妇女权益的保护

我国《宪法》规定，妇女在政治、经济、文化、社会和家庭生活等方面都享有同男子平等的权利。通过一系列相关法律，将《宪法》规定的妇女权益进一步具体化，以保障妇女各项权益的实现，禁止任何歧视妇女的行为。

2. 老年人和儿童权益的保护

我国《宪法》第四十九条规定："婚姻、家庭、母亲和儿童受国家的保护。父母有抚养教育未成年子女的义务，成年子女有赡养扶助父母的义务。"禁止虐待老人和儿童。《老年人权益保障法》将宪法规定的老人权益具体化，对老年人的退休、赡养、社会保障等做了专门规定，使老年人的合法权益得到切实保障。《未成年人保护法》根据未成年人的身心发展特点，对未成年人的抚养、受教育、健康成长、安全保护等方面给予特殊、优先保护，保障未成年人的合法权益不受侵犯。

3. 华侨、归侨和侨眷权利保护

国家保护华侨、归侨和侨眷的正当权利。华侨，是指侨居在国外的中国公民。归侨，是指回国定居的华侨。侨眷，是指在国外居住的华侨在国内的亲属。我国《宪法》第五十条规定："中华人民共和国保护华侨的正当的权利和利益，保护归

侨和侨眷的合法的权利和利益。"华侨、归侨和侨眷是我国公民，享有我国宪法和法律规定的一切权利，任何组织和个人不得歧视。

二、　公民的基本义务

公民的基本义务是指由宪法规定的公民必须遵守和应尽的基本责任。我国宪法规定公民的基本义务主要包括以下几个方面。

（一）维护国家统一和全国各民族的团结

国家的统一和全国各民族的团结，是社会主义现代化事业取得胜利的基本保证。国家的统一是全国人民的最高利益所在，维护国家的统一是每个公民所必须承担的神圣职责。我国是各民族共同缔造的统一的多民族国家，各民族之间已形成平等、团结、互助的社会主义民族关系。每个公民都必须自觉维护国家的统一和全国各民族的团结，坚决抵制任何反对国家统一和破坏民族团结的行为。

（二）遵守宪法和法律，保守国家秘密，爱护公共财产，遵守劳动纪律，遵守公共秩序，尊重社会公德

遵守宪法和法律是公民最基本的义务，公民不仅必须自觉地遵守宪法和法律，还要同一切违反宪法和法律的行为作斗争，保证宪法和法律的实施。国家秘密关系到国家安全和人民利益，每个公民都必须严守国家秘密。公共财产是全民所有和集体所有的财产，是国家富强的物质基础，每个公民都应该爱惜和保护公共财产。遵守劳动纪律对于保证完成生产、工作任务，提高劳动效率具有重要意义。遵守公共秩序，尊重社会公德是国家和社会安定团结的保障，是维护人们正常生活、工作、学习的重要条件，也是每个公民应尽的法律义务。

（三）维护国家安全、荣誉和利益

国家安全、荣誉和利益是全国人民的最高利益，任何公民都必须维护，不得有任何危害国家安全、荣誉和利益的行为。

（四）保卫祖国，依法服兵役和参加民兵组织

保卫祖国、抵抗侵略是每一个公民的应尽职责，也是社会主义现代化建设顺利进行和人民幸福生活的保障。依照法律服兵役和参加民兵组织是每一个公民的光荣义务，每一个符合征集年龄的公民都应积极地服兵役，参加民兵组织，自觉履行公民的光荣职责。

（五）依法纳税

纳税收入是国家财政收入的主要来源，国家用收来的税款发展经济、科技、教育、文化和国防等事业。依法纳税是每个公民的义务，偷税漏税要依法追究法律责任。

第三节　公民的宪法意识

宪法是国家的根本大法，是治国安邦的总章程。宪法规定的是国家最根本、最重要的问题，是人民意志的最高体现，理应被置于至上的地位。确立宪法至上原则，对我国建设社会主义法治国家的意义十分重大。

一、树立宪法意识

习近平总书记指出，我国宪法实现了党的主张和人民意志的高度统一，具有显著优势、坚实基础、强大生命力。现行宪法自颁布以来，在改革开放和社会主义现代化建设的历史进程中、在我们党治国理政的实践中发挥了十分重要的作用。实践证明，我国现行宪法是符合国情、符合实际、符合时代发展要求的好宪法，是充分体现人民共同意志、充分保障人民民主权利、充分维护人民根本利益的好宪法，是推动国家发展进步、保证人民幸福生活、保障中华民族实现伟大复兴的好宪法。

宪法就在我们的身边，我们应该崇尚宪法，树立宪法意识，增强宪法观念，

发自内心地尊重宪法、信仰宪法、敬畏宪法，积极主动地学习宪法、遵守宪法、维护宪法、运用宪法。12月4日是我国的国家宪法日，每年12月4日，国家都会通过多种形式开展宪法宣传教育活动，普及宪法知识，弘扬宪法精神，让宪法家喻户晓，让宪法真正走入生活、融入社会，成为公民手中的法宝。

知识链接

　　2014年11月1日，第十二届全国人民代表大会常务委员会第十一次会议通过《关于设立国家宪法日的决定》，确立国家宪法日为每年的12月4日。设定国家宪法日是为了增强全社会的宪法意识，弘扬宪法精神，加强宪法实施，全面推进依法治国。设立"国家宪法日"，是一个重要的仪式，传递的是"依宪治国""依宪执政"的理念，形成举国上下尊重宪法、宪法至上、用宪法维护人民权益的社会氛围。

二、维护宪法权威

　　维护宪法权威，就是维护党和人民共同意志的权威。捍卫宪法尊严，就是捍卫党和人民共同意志的尊严。宪法是一切国家机关、社会组织以及全体公民的最高行为准则，具有最高的法律效力。每个公民都要自觉维护宪法权威，严格依照宪法办事，任何组织或个人都没有超越宪法的特权。

　　为彰显宪法权威，加强宪法实施，党的十八届四中全会提出建立宪法宣誓制度。2015年7月1日，第十二届全国人大常委会第十五次会议作出决定，在我国实行宪法宣誓制度。会议的这一决定中明确规定，各级人大及县级以上各级人大常委会选举或者决定任命的国家工作人员以及各级人民政府、人民法院、人民检察院任命的国家工作人员，在就职时应当公开进行宪法宣誓。宪法宣誓不仅是庄严的仪式，更是维护宪法权威、彰显依宪治国理念的重要举措。国家工作人员在任职时向宪法宣誓，有助于他们信仰宪法、敬畏宪法；激励他们忠于和维护宪法，自觉履行宪法赋予的职责；也有利于在全社会增强宪法意识、树立宪法权威。

🔘 知识链接

宪法宣誓制度是国家工作人员就职时应当依照法律规定公开进行宪法宣誓。2015 年 7 月 1 日，第十二届全国人大常委会第十五次会议正式作出关于在我国实行宪法宣誓制度的决定。2018 年 3 月 11 日，第十三届全国人民代表大会第一次会议通过的《中华人民共和国宪法修正案》对国家工作人员宪法宣誓做出明确规定，第二十七条第三款："国家工作人员就职时应当依照法律规定公开进行宪法宣誓。"将宪法宣誓制度上升到宪法层面。宣誓誓词共 75 个字："我宣誓：忠于中华人民共和国宪法，维护宪法权威，履行法定职责，忠于祖国、忠于人民，恪尽职守、廉洁奉公，接受人民监督，为建设富强民主文明和谐美丽的社会主义现代化强国努力奋斗！"国家工作人员在任职时向宪法宣誓，是世界上多数国家普遍采取的一种制度。自从 1919 年德国的《魏玛宪法》第一次确认国家工作人员就职时向宪法宣誓的制度以来，该制度被许多国家列入宪法规定。

三、 遵守宪法规则

遵守宪法规则是社会主义法治国家对全体成员最基本的要求，是宪法效力得以发挥的基础性条件。宪法的生命和权威在于实施，宪法规定了国家和公民"可为"与"不可为"的界限，对于公权力而言，"法无授权即禁止"；对于公民而言，"法无禁止即可为"。我们应当以宪法为行为的最高准则，遵守宪法规则，正确行使宪法赋予的权利，自觉履行宪法规定的义务，主动推动宪法的实施。

案例导读评析

（1）蔡某客观地采访并报道当地发生的社会事件，行使的是新闻自由权。新闻自由权属于言论自由权的范畴，言论自由权是公民的一项基本权利。我国《宪法》第三十五条规定，中华人民共和国公民有言论、出版、集会、结社、游行、示威的自由。

蔡某不服当地新闻主管部门的处分决定，向上级主管部门提请复议，行使的是申诉权，这是《宪法》第四十一条明确规定的一项基本权利。

蔡某因不服上级新闻主管部门维持原有处分的决定，向人民法院提起诉讼，行使的是诉讼权。

（2）当地新闻主管部门对蔡某的处分不符合宪法规定。我们首先必须明确，新闻自由是一项宪法权利，应当受到国家的保障和尊重。但是，新闻自由又不是绝对的，它的行使必须受到一定的限制。这种限制既是蔡某行为是否受宪法保障的界限，也是当地新闻主管部门对蔡某做出处分行为是否符合宪法规定的界限。具体从两方面界定：一是蔡某是否利用新闻自由来煽动群众反对政府、危害国家和社会安定；二是蔡某是否利用新闻自由对他人人格尊严进行侮辱和诽谤。结合本案案情，蔡某既没有利用新闻自由来反对政府、危害国家与社会安定，也没有利用新闻自由对他人进行人身攻击，只是客观报道拖欠农民工工资现象以及某些干部的腐败行为，是合法地行使新闻自由权，应当受到宪法和新闻主管部门的保护。新闻主管部门不仅不保护蔡某反而给他处分，违反了《宪法》第三十五条的规定。

资料来源：佚名.2019年考研政治预习试题10_第3页［EB/OL］.［2018－04－02］.http：//www.examw.com/kaoyan/kyzz/mnst/98856/3/.（本文有改动）

思考与练习

1. 你如何看待横桥镇的这次选举?

横桥镇召开当地人民代表大会时,拟补选一名副镇长,40 岁的鲁某知道后,便召集好友邹某、柴某共同商议如何竞选副镇长。鲁某决定拿出 4 万元,由邹某、柴某对各自熟悉的镇人大代表行贿,共贿赂 31 名人大代表,结果在选举会上鲁某顺利当选。

2. 以小组为单位组织案例讨论。

2016 年 11 月 13 日,某酱菜厂因生产任务紧急,经与工会和职工协商,决定加班两小时。职工方某因感冒发烧向厂领导请假未获批准,也未参加加班劳动。几天后,该厂作出决定:停止方某工作 20 天,并要求其写一份书面检查,扣发方某当月工资。方某不服,向当地劳动争议仲裁委员会提出申诉。请问:该酱菜厂的做法是否符合法律规定?为什么?

第三章

行政行为与行政救济

学习目标

1. 知道行政主体、行政救济的相关法律规定。
2. 准确掌握行政行为的合法要件。
3. 能运用行政法相关知识分析和判断生活中常见的具体行政行为是否合法。
4. 能通过正确的行政救济途径保护公民、法人或者其他组织的合法权益。

案例导读

2018年5月，某乡政府人口和计划生育办公室工作人员以违反计划生育法律政策为由，将孙某夫妇家的笔记本电脑带走。同年10月，乡政府人口和计划生育办公室工作人员又在孙某任教的学校将其带走，次日放回。

请思考：

本案的行政主体是谁？行政主体的行为是否合法？为什么？孙某可以通过哪些法律途径维护自己的权益？

这个实例涉及我国行政主体的判断、行政行为的合法要件及行政救济的途径等问题，认真学习行政复议法、行政诉讼法的相关规定以及本章内容，就能回答这些问题。

第一节 行政主体

在行政法律关系双方当事人中，必有一方是行政主体。明确行政主体是依法行政，确定行政行为效力，确定行政诉讼被告，保证行政管理活动连续性、统一性的需要。

一、 什么是行政主体

行政主体是享有国家行政权力，能以自己的名义从事行政管理活动并独立承担由此产生的法律责任的组织。行政主体是一种组织不是个人，其行政行为通过具体个人来实施。

行政主体具有以下三个特征：① 必须享有行政职权；② 能以自己的名义实施行政管理活动；③ 能够独立承担法律责任。

在我国，行政主体包括行政机关和法律、法规、规章授权的组织。

二、 行政机关

行政机关是按照国家宪法和有关组织法的规定而设立的，代表国家依法行使行政权，组织和管理国家行政事务的国家机关。

我国的行政机关包括以下几类。

（1）国务院。国务院即中央人民政府。

（2）国务院组成部门。国务院组成部门即国务院各部、委和行、署，如中华人民共和国外交部、中华人民共和国国防部、中华人民共和国国家发展和改革委员会、中国人民银行、中华人民共和国审计署等。

（3）国务院的直属机构。如中华人民共和国海关总署、国家广播电视总局、国家机关事务管理局、国家医疗保障局等。

（4）国务院各部委管理的国家局。如国家信访局（由国务院办公厅管理）、国家中医药管理局（由国家卫生健康委员会管理）、国家铁路局（由交通运输部管理）、国家烟草专卖局（由工业和信息化部管理）等。

（5）地方各级人民政府。地方各级人民政府即省（自治区、直辖市）、市（自治州、直辖市的区）、县（自治县、区）、乡（民族乡、镇）人民政府。

（6）地方县（自治县、区）以上人民政府的职能部门。如公安、税务、工商、物价等部门。

（7）地方人民政府的派出机关。如行政公署、区公署、街道办事处等。

在我国，乡（民族乡、镇）人民政府是最基层的人民政府，领导和管理所辖行政区域内的行政事务。由于管辖区域小、人员少，乡（民族乡、镇）人民政府内部只设办事机构，不设职能部门，同时也不设派出机关。在对外活动中，只有乡（民族乡、镇）人民政府具有行政主体资格，其他任何内部机构都不具有行政主体资格，不能独立地行使行政职权。

三、 法律、法规、规章授权的组织

法律、法规、规章授权的组织指依据具体法律、法规、规章授权而行使特定行政职能的非国家机关组织。被授权组织属于行政主体，在行使法律、法规、规章所授职权时，享有与行政机关相同的法律地位。

在我国，法律、法规、规章授权的组织主要有以下几种类型。

（一）事业单位

事业单位是指不以营利为目的提供各种社会服务的社会组织。在我国，很多法律、法规、规章都有规定，授权事业单位行使特定行政职权。如《中华人民共和国植物检疫条例》第三条规定，县级以上地方各级农业主管部门、林业主管部门所属的植物检疫机构，负责执行国家的植物检疫任务。

（二）企业单位

企业单位是指以营利为目的的从事生产经营活动的组织。在实践中，企业单位主要是行政管理的对象，但在特定情况下，法律、法规、规章也可授权其行使一定的行政职权。如《中华人民共和国城市供水条例》第二十八条规定，用水单位自行建设的与城市公共供水管道连接的户外管道及其附属设施，必须经城市自来水供水企业验收合格并交其统一管理后，方可使用。

（三）社会团体

社会团体是指由公民或企事业单位自愿组成，按章程开展活动的社会组织。由于法律、法规、规章的授权，某些社会团体也享有一定的行政管理职能。如《中华人民共和国律师法》第四十六条规定，律师协会应当履行保障律师依法执业、维护律师的合法权益；组织律师业务培训和职业道德、执业纪律教育，对律师的执业活动进行考核；组织管理申请律师执业人员的实习活动，对实习人员进行考核；对律师、律师事务所实施奖励和惩戒等职责。

村民委员会，是乡（民族乡、镇）所辖的行政村的村民选举产生的自我管理、自我教育、自我服务的群众性自治组织。村民委员会不是国家基层政权组织，也不是乡（民族乡、镇）政府的派出机构，一般来说，不具有行政职能，但可以被法律、法规、规章授权或被行政机关委托行使一定的行政职权。如《村民委员会组织法》规定，村民委员会享有办理本村的公共事务和公益事业、调解民间纠纷、协助乡镇人民政府开展工作的职权。

四、 被委托的组织

被委托的组织不具有行政主体资格。国家行政机关在自己的职权范围内，可以将某项行政职能委托给某一机关、机构、企事业单位、其他社会组织。被委托的组织必须在委托的职权范围内，行使行政职权，履行行政职责。被委托的组织必须以委托的行政机关的名义实施行政管理活动，由委托的行政机关承担法律责任。如《中华人民共和国税收征收管理法实施细则》第四十四条规定，税务机关根据有利于税收控管和方便纳税的原则，可以按照国家有关规定委托有关单位和人员代征零星分散和异地缴纳的税收，并发给委托代征证书。受托单位和人员按照代征证书的要求，以税务机关的名义依法征收税款，纳税人不得拒绝；纳税人拒绝的，受托单位和人员应当及时报告税务机关。

以案学法

王某在某市某村经营一处粉碎锯末的工厂，从事生产已超过一年，没有办理营业执照。2016 年 3 月，魏某去王某的工厂工作，工资计件。2016 年 11 月 3 日，魏某在王某工厂工作时受伤。12 月 27 日，魏某向市人社局的劳动保障监察大队申请确认王某非法用工。经过调查，2017 年 1 月 6 日，市人社局的劳动保障监察大队确认王某为非法用工。请问：该市劳动保障监察大队能否以自己的名义确认王某非法用工？

学法：

该市劳动保障监察大队不能以自己的名义确认王某非法用工。我国《劳动保障监察条例》第三条第一款规定："国务院劳动保障行政部门主管全国的劳动保障监察工作。县级以上地方各级人民政府劳动保障行政部门主管本行政区域内的劳动保障监察工作。"第四条第一款规定："县级、设区的市级人民政府劳动保障行政部门可以委托符合监察执法条件的组织实施劳动保障监察。"因此，该市人社局对涉及非法用工的事项具有劳动保障监察的法定职权，但该市劳动保障监察大队作为该市人社局的下属事业单位，属于被委托的组织，不能以自己的名义作出用工确认。

资料来源：佚名. 魏征田诉敦化市人力资源和社会保障局及王玉清非法用工行政确认一案二审行政判决书［EB/OL］.［2018 - 06 - 30］. http：//wenshu. court. gov. cn/content/content? DocID = 72776b4

8-30e6-435c-b030-a90f0094d7fc&KeyWord=%E4%BA%BA%E7%A4%BE%E5%B1%80%E5%AF%B9

E6%B6%89%E5%8F%8A%E9%9D%9E%E6%B3%95%E7%94%A8%E5%B7%A5%E7%9A%84%E4%

BA%8B%E9%A1%B9%E5%85%B7%E6%9C%89%E5%8A%B3%E5%8A%A8%E4%BF%9D%E9%9A%

9C%E7%9B%91%E5%AF%9F%E7%9A%84%E6%B3%95%E5%AE%9A%E8%81%8C%E6%9D%83.

（本文有改动）

第二节　行政行为

　　行政行为是指行政主体行使行政职权作出的能够产生行政法律效果的行为。如某大学根据《中华人民共和国学位条例》的规定，对不符合条件的张某拒绝颁发学位证书的行为，以及某乡政府根据相关规定责令刘某退还非法占有的土地的决定等都属于行政行为。任何行政行为必须有法律根据，没有法律的明确规定或授权，行政主体不得作出任何行政行为。

一、　行政行为的合法要件

　　行政行为一旦作出就具有法律约束力，但这并不意味着行政行为就一定具有了实质上的合法性。行政行为合法必须具备以下条件。

（一）主体合法

作出行政行为的组织必须具有行政主体资格，能以自己的名义作出行政行为，并能独立承担法律责任。

（二）职权合法

行政主体作出的行政行为没有超出行政主体的职权范围。

（三）内容合法

（1）行政行为有确凿的证据证明，有充分的事实根据。

（2）行政行为有明确的依据，正确适用了法律、法规、规章和其他规范性文件。

（3）行政行为必须公正、合理，符合立法目的和立法精神。

（四）程序合法

任何行政主体作出行政行为都必须按照法定的程序进行，程序违法将导致行政行为无效。程序合法的要求有以下几点。

（1）行政行为应当符合行政程序法确定的基本原则和制度。

（2）行政行为应当符合法定的步骤和顺序。

（3）行政行为应当符合法定形式。

（4）行政行为应当在法定期限内完成。

以案学法

2016年3月22日，沈某为进行养殖，租赁取得某县某乡某村吴某的"口粮田"，并在此搭建钢结构养鸭大棚，进行非农业建设。2016年4月5日，县国土局下属的乡国土所工作人员在例行巡查中发现了沈某正在搭建的钢结构大棚，遂现场下达了《责令停止违法行为通知书》，责令沈某立即停止违法行为，听候处理。此后，沈某未停止搭建。2016年4月13日，县国土局就沈某未经批准擅自在基本农田建设养鸭大棚，占地4.26亩①的违法行为予以立案查处。2016年4月20日，乡建设管理服务所向沈某下发《自行拆除通知书》，限令沈某自接到通知之日起三日内自行拆除涉案钢架大棚。沈某未予理睬。2016年4月29日，县国土局及乡政府联合将沈某搭建的钢架养鸭大棚予以强行拆除。请问：县国土局及乡政府联合将沈某搭建的钢架养鸭大棚予以强行拆除的行为是否合法？

学法：

县国土局及乡政府联合将沈某搭建的钢架养鸭大棚予以强行拆除的行为不合法。

---

①　1亩≈666.67平方米。

《中华人民共和国土地管理法》第三十六条规定，非农业建设不得占用耕地。沈某占用耕地搭建钢结构养鸭大棚进行非农业建设的行为属于非法占用土地的违法行为。县国土局对此负有监督检查的职责，有权进行查处。但《中华人民共和国土地管理法》第六十七条规定，县级以上人民政府土地行政主管部门履行监督检查职责时，有权采取下列措施：① 要求被检查的单位或者个人提供有关土地权利的文件和资料，进行查阅或者予以复制；② 要求被检查的单位或者个人就有关土地权利的问题作出说明；③ 进入被检查单位或者个人非法占用的土地现场进行勘测；④ 责令非法占用土地的单位或者个人停止违反土地管理法律、法规的行为。《中华人民共和国土地管理法实施条例》第三十二条规定，土地行政主管部门履行监督检查职责，除采取《土地管理法》第六十七条规定的措施外，还可以采取下列措施：① 询问违法案件的当事人、嫌疑人和证人；② 进入被检查单位或者个人非法占用的土地现场进行拍照、摄像；③ 责令当事人停止正在进行的土地违法行为；④ 对涉嫌土地违法的单位或者个人，停止办理有关土地审批、登记手续；⑤ 责令违法嫌疑人在调查期间不得变卖、转移与案件有关的财物。上述规定对土地行政主管部门在履行监督检查职责时，所能采取的行政措施予以了列举式规定，其中并不包括采取强制拆除的行政措施。依法行政是行政机关履职应当遵循的基本原则，对行政机关而言，法无授权即禁止。县国土局在对沈某的违法行为进行查处的过程中，未遵循上述法律法规的规定，采取强制拆除的手段没有法律依据，应当确认其实施的拆除行为违法。

资料来源：佚名. 沈兰尚与东海县国土资源局、东海县曲阳乡人民政府等行政强制一审行政判决书［EB/OL］.［2018-06-16］. http：//wenshu. court. gov. cn/content/content? DocID = 97fdd44b-5691-4861-941d-a7dc00f5e161&KeyWord=%E6%90%AD%E5%BB%BA%E9%92%A2%E7%BB%93%E6%9E%84%E5%85%BB%E9%B8%AD%E5%A4%A7%E6%A3%9A.（本文有改动）

二、 抽象行政行为和具体行政行为

根据不同的标准，行政行为可以有不同的分类，以行政行为的对象是否特定为标准，可将行政行为分为抽象行政行为和具体行政行为。

（一）抽象行政行为

抽象行政行为是指行政主体针对不特定的行政管理对象实施的行政行为，主要包括行政主体制定行政法规、行政规章、行政措施的行为以及发布行政命令、通知、通告、决议、决定的行为等。抽象行政行为不涉及具体的某一个人或者某一件事，针对的是不特定的多数人，通常以规范性文件的形式表现出来，可以长期反复适用，具有普遍约束力。例如，国务院制定行政法规的行为属于抽象行政行为。

依据《中华人民共和国行政复议法》（以下简称《行政复议法》）和《中华人民共和国行政诉讼法》（以下简称《行政诉讼法》）的规定，对抽象行政行为不能单独提起行政复议或行政诉讼。但如果公民、法人或者其他组织认为行政机关的具体行政行为所依据的规定不合法，在对具体行政行为申请行政复议时，可以一并提出对该规定的审查申请。

以案学法

某省人力资源和社会保障厅制定《某省就业困难人员就业援助试行办法》，主要内容是进一步做好就业援助工作。该办法第一条规定，就业困难人员的范围包括集体企业下岗失业人员、失地农民等。刘某、赵某是该省某村村民，二人没有承包土地，系无地农民，不属于就业困难人员的范围。刘某、赵某认为，该办法将失地农民认定为就业困难人员，但不包括无承包土地的人员，侵犯了他们的合法权益，拟申请行政复议。请问：行政复议机关是否会受理他们的复议申请？

学法：

行政复议机关不会受理他们的行政复议申请。该省人力资源和社会保障厅针对本省就业困难人员就业援助事项制定的《某省就业困难人员就业援助试行办法》，是针对不特定多数人的、可以反复适用的规章以下的规范性文件，是抽象行政行为，不属于行政复议的受案范围。所以,刘某、赵某不能单独对该办法提起行政复议。

依据我国《行政复议法》第七条的规定,公民、法人或者其他组织认为行政机关的具体行政行为所依据的规章以下的规范性文件不合法的,在对具体行政行为申请行政复议时,可以一并向行政复议机关提出对该规范性文件的审查申请。

资料来源:佚名. 刘文建、赵凤先诉白山市江源区人民政府不予受理行政复议一案二审行政判决书[EB/OL]. [2017-12-31]. http://wenshu.court.gov.cn/content/content? DocID=385736cb-a11e-4377-b765-a85600c18621&KeyWord=%E5%B0%B1%E4%B8%9A%E5%9B%B0%E9%BE%E4%BA%BA%E5%91%98%E5%B0%B1%E4%B8%9A%E6%8F%B4%E5%8A%A9%E8%AF%95%E8%A1%8C%E5%8A%9E%E6%B3%95. (本文有改动)

(二) 具体行政行为

具体行政行为是指行政主体针对特定的行政管理对象实施的行政行为。这种行为针对的对象是特定的,结果会直接影响特定公民、法人或者其他组织的权利和义务。如税务部门对不按规定缴纳税款的某个体户处以罚款,就属于具体行政行为。

在我国,具体行政行为的种类十分广泛,包括行政处罚、行政许可、行政强制、行政征收、行政合同、行政指导、行政确认、行政裁决、行政监督等。下面主要介绍一下行政处罚、行政许可和行政强制。

1. 行政处罚

行政处罚是行政主体对违反行政法律法规的公民、法人或其他组织给予制裁的具体行政行为。比如,某县公安机关依据《中华人民共和国治安管理处罚法》(以下简称《治安管理处罚法》)的规定,对谎报疫情故意扰乱公共秩序的李某处以5日拘留并处300元罚款的行为属于行政处罚行为。

根据《中华人民共和国行政处罚法》(以下简称《行政处罚法》)的规定,行政处罚的种类包括:警告,罚款,没收违法所得、没收非法财物,责令停产停业,暂扣或者吊销许可证、暂扣或者吊销执照,行政拘留,法律、行政法规规定的其他行政处罚(如劳动教养、通报批评等)。

公民、法人或者其他组织违反行政管理秩序的行为，依法应当给予行政处罚的，行政机关必须查明事实；违法事实不清的，不得给予行政处罚。行政机关在作出行政处罚决定之前，应当告知当事人作出行政处罚决定的事实、理由及依据，并告知当事人依法享有的权利。当事人有权进行陈述和申辩。行政机关必须充分听取当事人的意见，对当事人提出的事实、理由和证据，应当进行复核；当事人提出的事实、理由或者证据成立的，行政机关应当采纳。行政机关不得因当事人申辩而加重处罚。

以案学法

2016年11月8日，某市盐务局盐政执法人员查获一批粗生盐产品，经立案调查，认为涉案盐产品的货主是薛某，遂于2016年12月30日作出《行政处罚决定书》，对薛某作出没收违法购进粗生盐产品56吨、罚款人民币171 360元的处罚决定。

立案调查期间，薛某向该盐务局提出涉案的盐产品属于该县某养殖专业合作社，并提交了销售单作为证明，但该盐务局未对该问题进行查实。另外，盐务局扣押薛某的盐未经物价部门评估就进行定价。请问：该盐务局的行政处罚行为是否合法？

学法：

该盐务局的行政处罚行为不合法，存在违法事实不清、证据不足的情形。我国《行政处罚法》第三十二条第一款规定，当事人有权进行陈述和申辩。行政机关必须充分听取当事人的意见，对当事人提出的事实、理由和证据，应当进行复核；当事人提出的事实、理由或者证据成立的，行政机关应当采纳。本案中，在薛某向盐务局明确提出涉案物品权属问题并提交相关证据的情况下，盐务局未对违法主体的存疑问题进行查实，不符合法律规定。我国《行政处罚法》第三十条规定，公民、法人或者其他组织违反行政管理秩序的行为，依法应当给予行政处罚的，行政机关必须查明事实；违法事实不清的，不得给予行政处罚。本案中，盐务局未提供物价部门评估盐产品价值的证据，罚款金额也缺乏依据。

资料来源：佚名. 薛天桐与广东省茂名市盐务局盐业行政管理（盐业）一审行政判决书［EB/OL］. ［2017-12-12］. http：//wenshu. court. gov. cn/content/content？DocID＝701672ab-745f-490f-bc43-a84600a3 5b52&KeyWord＝%E4%BA%BA%E6%B0%91%E5%B8%81%E5%A3%B9%E6%8B%BE%E6%9F%92%E4% B8%87%E5%A3%B9%E4%BB%9F%E5%8F%81%E7%99%BE%E9%99%86%E6%8B%BE%E5%85%83. （本文有改动）

🎓 法条链接

我国《行政处罚法》第三十九条规定，行政机关依照本法第三十八条的规定给予行政处罚，应当制作行政处罚决定书。行政处罚决定书应当载明下列事项：① 当事人的姓名或者名称、地址；② 违反法律、法规或者规章的事实和证据；③ 行政处罚的种类和依据；④ 行政处罚的履行方式和期限；⑤ 不服行政处罚决定，申请行政复议或者提起行政诉讼的途径和期限；⑥ 作出行政处罚决定的行政机关名称和作出决定的日期。

行政处罚决定书必须盖有作出行政处罚决定的行政机关的印章。

2. 行政许可

行政许可是指行政主体根据行政相对方的申请，经依法审查，通过颁发许可证、执照等形式，赋予或确认行政相对方从事某种活动的法律资格或法律权利的一种具体行政行为。如某公安机关给经过车辆管理机关考试合格的张某发放车辆驾驶证的行为属于行政许可行为。

根据《中华人民共和国行政许可法》的规定，下列事项可以设定行政许可。

（1）直接涉及国家安全、公共安全、经济宏观调控、生态环境保护以及直接关系人身健康、生命财产安全等的特定活动，需要按照法定条件予以批准的事项。

（2）有限自然资源的开发利用、公共资源配置以及直接关系公共利益的特定行业的市场准入等，需要赋予特定权利的事项。

（3）提供公众服务并且直接关系公共利益的职业、行业，需要确定具备特殊信誉、特殊条件或者特殊技能等资格、资质的事项。

（4）直接关系公共安全、人身健康、生命财产安全的重要设备、设施、产品、物品，需要按照技术标准、技术规范，通过检验、检测、检疫等方式进行审定的事项。

（5）企业或者其他组织的设立等，需要确定主体资格的事项。

（6）法律、行政法规规定可以设定行政许可的其他事项。

行政机关应当对申请人提交的申请材料进行审查。申请人的申请符合法定条件、标准的，行政机关应当依法作出准予行政许可的书面决定。行政机关依法作出不予行政许可的书面决定的，应当说明理由，并告知申请人享有依法申请行政复议或者提起行政诉讼的权利。

以案学法

张某为翻建登记在其名下的房屋，于2016年4月13日向所在镇政府提出要求翻建房屋的申请。之后，镇政府及其内部办事机构未对张某提出的翻建房屋申请进行答复、作出处理。请问：镇政府及其内部办事机构未对张某提出的翻建房屋申请进行答复、作出处理是否符合法律规定？

学法：

镇政府及其内部办事机构未对张某提出的翻建房屋申请进行答复、作出处理不符合法律规定。该镇政府对本行政区域内村（居）民个人建住宅的规划建设管理享有行政职权。根据我国《行政许可法》第三十二条第一款的规定，行政机关对申请人提出的行政许可申请，应当根据下列情况分别作出处理：① 申请事项依法不需要取得行政许可的，应当即时告知申请人不受理；② 申请事项依法不属于本行政机关职权范围的，应当即时作出不予受理的决定，并告知申请人向有关行政机关申请；③ 申请材料存在可以当场更正的错误的，应当允许申请人当场更正；④ 申请材料不齐全或者不符合法定形式的，应当当场或者在五日内一次告知申请人需要补正的全部内容，逾期不告知的，自收到申请材料之日起即为受理；⑤ 申请事项属于本行政机关职权范围，申请材料齐全、符合法定形式，或者申请人按照本行政机关的要求提交全部补正申请材料的，应当受理行政许可申请。本案中，张某于 2016 年 4 月 13 日向所在镇政府提出了翻建房屋的行政许可申请，镇政府在收到上述申请后未做任何处理，违反了上述法律规定，属于未依法履行法定职责的情形。

资料来源：佚名 . 张金妹与常熟市虞山镇人民政府不履行法定职责二审行政判决书［EB/OL］.［2017-05-08］. http：//wenshu. court. gov. cn/content/content? DocID＝a50c807c-31cf-4466-908f-a76d 01127bc3&KeyWord＝2016%E5%B9%B44%E6%9C%8813%E6%97%A5%7C%E6%8F%90%E5%87% BA%E4%BA%86%E7%BF%BB%E5%BB%BA%E6%88%BF%E5%B1%8B%E7%9A%84%E8%A1% 8C%E6%94%BF%E8%AE%B8%E5%8F%AF%E7%94%B3%E8%AF%B7. （本文有改动）

3. 行政强制

行政强制是指行政主体为实现一定的行政目的，保障行政管理的顺利进行，对行政相对方的人身及财产等采取的强制性的具体行政行为的总称。如某县审计局封存转移会计凭证的被审计单位的有关资料的行为属于行政强制措施。

在我国，根据《行政强制法》的规定，行政强制措施的种类包括：限制公民人身自由，如强制戒毒、强制隔离等；查封场所、设施或者财物；扣押财物；冻结存款、汇款；其他行政强制措施，如划拨、扣缴、强行拆除建筑物等。

行政机关实施行政强制措施应当遵守下列规定。

（1）实施前须向行政机关负责人报告并经批准。

（2）由两名以上行政执法人员实施。

（3）出示执法身份证件。

（4）通知当事人到场。

（5）当场告知当事人采取行政强制措施的理由、依据以及当事人依法享有的权利、救济途径。

（6）听取当事人的陈述和申辩。

（7）制作现场笔录。

（8）现场笔录由当事人和行政执法人员签名或者盖章，当事人拒绝的，在笔录中予以注明。

（9）当事人不到场的，邀请见证人到场，由见证人和行政执法人员在现场笔录上签名或者盖章。

（10）法律、法规规定的其他程序。

情况紧急，需要当场实施行政强制措施的，行政执法人员应当在 24 小时内向行政机关负责人报告，并补办批准手续。行政机关负责人认为不应当采取行政强制措施的，应当立即解除。

以案学法

2010 年 3 月 16 日，因新建兰渝铁路需要，某区政府作出征收土地的公告，征收了冯某位于某镇某村六组、七组的部分土地。2013 年 3 月 5 日，区兰渝铁路建设协调领导小组办公室与冯某签订了《兰渝铁路某段农村村民自拆自建房屋协议》，协议约定：冯某房屋建筑面积为 69.99 平方米，房屋、附属物及过渡费、搬家费共计 44 909 元。冯某应在 2013 年 3 月 15 日前完成拆除。协议签订后，冯某拒绝按协议履行自拆房屋义务。区政府对其做了大量的协调工作，告知其可能承担被强拆的后果，冯某仍然没有理睬。2015 年 1 月 8 日，区政府组织人员对冯某的房屋实施了强制拆除。请问：区政府对冯某自建房屋实施的强制拆除行为是否合法？

学法：

区政府对冯某自建房屋实施强制拆除的行为不合法。区政府在 2015 年 1 月 8 日组织相关人员对冯某房屋予以强行拆除的行为属行政强制。《中华人民共和国行政强制法》第三十五条规定，行政机关作出强制执行决定前，应当事先催告当事人履行义务。催告应当以书面形式作出，并载明下列事项：① 履行义务的期限；② 履行义务的方式；③ 涉及金钱给付的，应当有明确的金额和给付方式；④ 当事人依法享有的陈述权和申辩权。第三十七条规定，经催告，当事人逾期仍不履行行政决定，且无正当理由的，行政机关可以作出强制执行决定。强制执行决定应当以书面形式作出。本案中，区政府在实施行政强制执行前，虽多次对冯某做工作，要求其自行拆除，但未依法进行书面催告，亦未作出书面的强制执行决定，剥夺了冯某的陈述权、申辩权以及申请行政复议或者提起行政诉讼的权利，区政府的强制拆除行为程序违法。

资料来源：佚名．冯忠康、南充市顺庆区人民政府城乡建设行政管理：房屋拆迁管理（拆迁）二审行政裁定书［EB/OL］.［2017-07-16］. http：//wenshu. court. gov. cn/content/content？DocID＝ae7b4d29-0dd5-49f5-ae58-a7b0000017fc&KeyWord＝%E5%85%AD%E3%80%81%E4%B8%83%E7%BB%84%E7%9A%84%E9%83%A8%E5%88%86%E5%9C%9F%E5%9C%B0.（本文有改动）

第三节　行政救济

行政救济是指行政相对方认为具体行政行为造成自己合法权益受到损害，请求有权的国家机关依法对行政违法或行政不当行为实施纠正，并追究其行政责任，以保护行政相对方的合法权益。

我国行政救济制度主要包括行政复议、行政赔偿和行政诉讼。

一、行政复议

（一）什么是行政复议

行政复议是指公民、法人或者其他组织认为行政机关的具体行政行为侵犯其合法权益，依法向作出该具体行政行为的上一级行政机关提出申请，由受理申请的行政机关对具体行政行为进行审查并作出处理决定的行政行为。行政复议救济制度属于行政机关的内部监督制度，目的是对引起争议的具体行政行为的合法性、适当性进行审查，保护公民、法人或者其他组织的合法权益。

（二）行政复议的范围

公民、法人或组织对下列具体行政行为不服，可以依法申请行政复议。

（1）对行政机关作出的警告、罚款、没收违法所得、没收非法财物、责令停产停业、暂扣或者吊销许可证、暂扣或者吊销执照、行政拘留等行政处罚决定不服的。

（2）对行政机关作出的限制人身自由或者查封、扣押、冻结财产等行政强制措施决定不服的。

（3）对行政机关作出的有关许可证、执照、资质证、资格证等证书变更、中止、撤销的决定不服的。

（4）对行政机关作出的关于确认土地、矿藏、水流、森林、山岭、草原、荒地、滩涂、海域等自然资源的所有权或者使用权的决定不服的。

（5）认为行政机关侵犯合法的经营自主权的。

（6）认为行政机关变更或者废止农业承包合同，侵犯其合法权益的。

（7）认为行政机关违法集资、征收财物、摊派费用或者违法要求履行其他义务的。

（8）认为符合法定条件，申请行政机关颁发许可证、执照、资质证、资格证等证书，或者申请行政机关审批、登记有关事项，行政机关没有依法办理的。

（9）申请行政机关履行保护人身权利、财产权利、受教育权利的法定职责，行政机关没有依法履行的。

（10）申请行政机关依法发放抚恤金、社会保险金或者最低生活保障费，行政机关没有依法发放的。

（11）认为行政机关的其他具体行政行为侵犯其合法权益的。

（三）行政复议的管辖

（1）对县级以上地方各级人民政府工作部门的具体行政行为不服的，由申请人选择，可以向该部门的本级人民政府申请行政复议，也可以向上一级主管部门申请行政复议。对海关、金融、国税、外汇管理等实行垂直领导的行政机关和国家安全机关的具体行政行为不服的，向上一级主管部门申请行政复议。

（2）对地方各级人民政府的具体行政行为不服的，向上一级地方人民政府申请行政复议。对省、自治区人民政府依法设立的派出机关所属的县级地方人民政府的具体行政行为不服的，向该派出机关申请行政复议。

（3）对国务院部门或者省、自治区、直辖市人民政府的具体行政行为不服的，向作出该具体行政行为的国务院部门或者省、自治区、直辖市人民政府申请行政复议。对行政复议决定不服的，可以向人民法院提起行政诉讼；也可以向国务院申请裁决，国务院依照《行政复议法》的规定作出最终裁决。

（4）对县级以上地方人民政府依法设立的派出机关的具体行政行为不服的，向设立该派出机关的人民政府申请行政复议；对政府工作部门依法设立的派出机构依照法律、法规或者规章规定，以自己的名义作出的具体行政行为不服的，向设立该派出机构的部门或者该部门的本级地方人民政府申请行政复议。

（5）对法律、法规授权的组织的具体行政行为不服的，分别向直接管理该组织的地方人民政府、地方人民政府工作部门或者国务院部门申请行政复议。

（6）对两个或者两个以上行政机关以共同的名义作出的具体行政行为不服的，向其共同上一级行政机关申请行政复议。

（7）对被撤销的行政机关在被撤销前所作出的具体行政行为不服的，向继续行使其职权的行政机关的上一级行政机关申请行政复议。

（8）对县级以上地方人民政府依法设立的派出机关的具体行政行为不服的；对政府工作部门依法设立的派出机构依照法律、法规或者规章规定，以自己的名义作出的具体行政行为不服的；对法律、法规授权的组织的具体行政行为不服的；对两个或者两个以上行政机关以共同的名义作出的具体行政行为不服的；对被撤销的行政机关在撤销前所作出的具体行政行为不服的，申请人也可以向具体行政行为发生地的人民政府提出行政复议申请，接收申请的具体行政行为发生地的人民政府转送有关行政复议机关，并告知申请人。

（四）行政复议决定

行政复议机关对复议案件的事实、证据、争论焦点以及理由经过审理后，会依据不同情形分别作出以下行政复议决定：维持原具体行政行为的决定，限期履行决定，撤销、变更具体行政行为或者确认具体行政行为违法决定，责令被申请人限期重新作出具体行政行为决定，责令赔偿损失决定。

 **以案学法**

某县某乡人民政府于 2017 年 10 月 5 日发出《行政处理决定书》，确定王某与向某争议的该乡某村某山林归王某管理使用。向某不服该决定，向该乡上一级县人民政府申请行政复议。案件受理后，县政府向某乡人民政府送达了《行政复议答复通知书》。由于该乡人民政府在法定期限内没有提交书面答复及作出具体行政行为的证据，县人民政府于 2018 年 2 月 20 日发出《行政复议决定书》，决定撤销该乡人民政府发出的《行政处理决定书》，并责令其重新作出土地权属处理决定。请问：该县人民政府作出的行政复议决定是否符合法律规定？

学法：

该县人民政府作出的行政复议决定符合法律规定。该县人民政府作为某乡人民政府的上一级人民政府，依法享有对所辖乡人民政府作出的行政处理决定进行行政复议的权力，其作出的行政复议决定符合法律规定。我国《行政复议法》第二十八条规定，具体行政行为有下列情形之一的，决定撤销、变更或者确认该具体行政行为违法；决定撤销或者确认该具体行政行为违法的，可以责令被申请人在一定期限内重新作出具体行政行为：① 主要事实不清、证据不足的；② 适用依据错误的；③ 违反法定程序的；④ 超越或者滥用职权的；⑤ 具体行政行为明显不当的。第二十八条还规定，被申请人不依法提出书面答复、提交当初作出具体行政行为的证据、依据和其他有关材料的，视为该具体行政行为没有证据、依据，决定撤销该具体行政行为。

本案中，该县人民政府在受理向某的行政复议申请后，依法向作出原具体行政行为的某乡人民政府送达了《行政复议答复通知书》，乡人民政府在收到上述通知书后，未在规定期限内进行答复，也未提交任何证据和依据。县人民政府据此撤销乡人民政府《行政处理决定书》，并责令乡人民政府重新作出土地权属处理决定符合法律规定。

资料来源：佚名. 王爱国、湖南省桑植县人民政府再审审查与审判监督行政裁定书［EB/OL］. ［2018-07-14］. http：//wenshu. court. gov. cn/content/content？DocID＝0e12bb99-f2b6-4f32-a5e4-a8b0011168ea&KeyWord＝％E8％A7％86％E4％B8％BA％E8％AF％A5％E5％85％B7％E4％BD％93％E8％A1％8C％E6％94％BF％E8％A1％8C％E4％B8％BA％E6％B2％A1％E6％9C％89％E8％AF％81％E6％8D％AE％E3％80％81％E4％BE％9D％E6％8D％AE％EF％BC％8C％E5％86％B3％E5％AE％9A％E6％92％A4％E9％94％80％E8％AF％A5％E5％85％B7％E4％BD％93％E8％A1％8C％E6％94％BF％E8％A1％8C％E4％B8％BA％7C％E6％B2％A1％E6％9C％89％E6％8F％90％E4％BA％A4％E4％B9％A6％E9％9D％A2％E7％AD％94％E5％A4％8D.（本文有改动）

二、　行政赔偿

（一）什么是行政赔偿

行政赔偿是指行政主体及其工作人员在行使行政职权过程中，因其行为违法而侵犯了公民、法人或其他组织的合法利益并造成损害，由行政主体给予赔偿的法律制度。行政赔偿是由国家承担赔偿责任，责任主体是国家而非行使职权的工作人员。但行政机关工作人员行使与职权无关的个人行为，国家不承担赔偿责任。

（二）行政赔偿的条件

1. 存在违法的行政侵权行为

行政侵权行为具有以下三个要素：① 实施行政侵权行为的人必须是国家行政机关的公务员或其他被授权或委托行使国家行政管理职能的人员；② 行政侵权行为必须是执行行政职务的行为；③ 行政侵权行为必须是违法侵犯公民、法人或其他组织的合法权益造成损害的行为。

2. 行政侵权行为使公民、法人或其他组织的合法权益受到了客观损害

在确定损害事实时应注意以下三点：① 损害必须是已经发生的、确实存在的损害；② 受损害的权益必须是合法的，受法律保护的权益；③ 损害事实包括物质损害事实、人身损害事实、精神损害事实。

3. 侵权行为与损害结果之间有因果关系

侵权行为与损害结果之间有一种直接因果关系，即行为与结果之间存在逻辑上的直接关系，其中行为并不要求是结果的必然或根本原因，而仅仅是导致结果发生的一个较近的原因。

（三）行政赔偿的范围

我国的行政赔偿主要包括侵犯人身权和侵犯财产权两种情形。属于下列情形之一的，国家不承担赔偿责任：① 行政机关工作人员实施的与行使职权无关的个人行为；② 因公民、法人和其他组织自己的行为致使损害发生的；③ 法律规定的

其他情形。例如，某公安局局长私自携枪外出，因驾驶的车辆与他人发生碰撞引起争执，一怒之下向对方开枪，击中对方头部致人死亡。这种情况就是由个人行为导致的人身权益受损，不是执行公务，与行使职权无关，不属于行政赔偿范围。下面分别介绍侵犯人身权和侵犯财产权的行政赔偿范围。

1. 侵犯人身权的行政赔偿范围

（1）违法拘留或者违法采取限制公民人身自由的行政强制措施的。

（2）非法拘禁或者以其他方法非法剥夺公民人身自由的。

（3）以殴打、虐待等行为或者唆使、放纵他人以殴打、虐待等行为造成公民身体伤害或者死亡的。

（4）违法使用武器、警械造成公民身体伤害或者死亡的。

（5）造成公民身体伤害或者死亡的其他违法行为。

2. 侵犯财产权的行政赔偿范围

（1）违法实施罚款、吊销许可证和执照、责令停产停业、没收财物等行政处罚的。

（2）违法对财产采取查封、扣押、冻结等行政强制措施的。

（3）违法征收、征用财产的。

（4）造成财产损害的其他违法行为。

（四）行政赔偿的方式

我国的行政赔偿以支付赔偿金为主要赔偿方式，能够返还财产或者恢复原状的，予以返还财产或者恢复原状。有些侵权行为还可采取恢复名誉、赔礼道歉、消除影响等方式。

 以案学法

2017 年 3 月 1 日、3 月 3 日，邓某在北京召开两会期间，先后两次欲前往北京

上访，均被镇政府工作人员劝回。2017 年 3 月 7 日，邓某居住地所在县集中处理信访突出问题及群体性事件联席会议办公室向该县公安局发出《关于对邓某违法上访行为依法进行处理的函》，要求县公安局对邓某依法进行处理。该县公安局于2017 年 3 月 8 日对邓某作出公安行政处罚决定书，决定对邓某行政拘留十日，并于当日交付市拘留所执行拘留。邓某不服，提起诉讼并要求赔偿。请问：邓某的赔偿请求是否成立？如果成立应如何赔偿？

学法：

邓某的赔偿请求成立。邓某于 2017 年 3 月 1 日、3 月 3 日两次欲到北京上访，但均在上访途中被镇政府工作人员劝返。该县公安局在没有提供证据证明在这两次的上访途中邓某实施了扰乱公共场所秩序行为的情况下，适用我国《治安管理处罚法》第二十三条第一款第二项的规定，作出的行政处罚决定，主要证据不足，适用法律错误，应当依法予以撤销。行政处罚决定被撤销后，对邓某的拘留没有了法律依据，邓某依法应获得国家赔偿。

依据我国《国家赔偿法》第三十三条的规定，侵犯公民人身自由的，每日赔偿金按照国家上年度职工日平均工资计算。国家统计局于 2017 年 5 月 27 日公布了2016 年城镇非私营单位就业人员年平均工资（即原全国职工年平均工资）数额为67 569 元，即日平均工资为 258.89 元。邓某被限制人身自由 10 天，因此邓某的赔偿金为 258.89 元/天×10 天＝2 588.9 元。

资料来源：佚名．上诉人邓琼艳诉被上诉人东安县公安局治安行政处罚及行政赔偿一案二审判决书［EB/OL］．［2017-10-11］. http：//wenshu. court. gov. cn/content/content? DocID = 1f8c8318-dace-434d-b19e-a7fa011692fa&KeyWord = 258. 89%E5%85%83/%E5% A4%A9% C3%9710% E5% A4% A9 = .（本文有改动）

三、 行政诉讼

（一）什么是行政诉讼

行政诉讼是指公民、法人或者其他组织认为行政主体作出的具体行政行为侵犯其合法权益，依法向人民法院起诉，由人民法院进行审理并作出裁判的活动。行政诉讼只对行政行为的合法性进行审查，即审查行政机关的具体行政行为是否侵害到行政相对人的合法权益。

（二）行政诉讼的受案范围

依据我国《行政诉讼法》的规定，公民、法人或者其他组织对下列行政行为不服的，可以提起行政诉讼。

（1）对行政拘留、暂扣或者吊销许可证和执照、责令停产停业、没收违法所得、没收非法财物、罚款、警告等行政处罚不服的。

（2）对限制人身自由或者对财产的查封、扣押、冻结等行政强制措施和行政强制执行不服的。

（3）申请行政许可，行政机关拒绝或者在法定期限内不予答复，或者对行政机关作出的有关行政许可的其他决定不服的。

（4）对行政机关作出的关于确认土地、矿藏、水流、森林、山岭、草原、荒地、滩涂、海域等自然资源的所有权或者使用权的决定不服的。

（5）对征收、征用决定及其补偿决定不服的。

（6）申请行政机关履行保护人身权、财产权等合法权益的法定职责，行政机关拒绝履行或者不予答复的。

（7）认为行政机关侵犯其经营自主权或者农村土地承包经营权、农村土地经营权的。

（8）认为行政机关滥用行政权力排除或者限制竞争的。

（9）认为行政机关违法集资、摊派费用或者违法要求履行其他义务的。

（10）认为行政机关没有依法支付抚恤金、最低生活保障待遇或者社会保险待遇的。

（11）认为行政机关不依法履行、未按照约定履行或者违法变更、解除政府特许经营协议、土地房屋征收补偿协议等协议的。

（12）认为行政机关侵犯其他人身权、财产权等合法权益的。

（13）法律、法规规定可以提起诉讼的其他行政案件。

（三）行政诉讼中的举证责任

在行政诉讼中，由被告承担主要的举证责任。被告行政机关对其作出的行政行为的合法性负有举证责任，应该提供作出该具体行政行为的证据和所依据的规范性文件。被告不提供或者无正当理由逾期提供证据，视为没有相应证据。但是，被诉行政行为涉及第三人合法权益，第三人提供证据的除外。

原告在起诉被告不履行法定职责的案件中，应当提供其向被告提出申请的证据。但有下列情形之一的除外：① 被告应当依职权主动履行法定职责的；② 原告因正当理由不能提供证据的。在行政赔偿案件中，原告应当提供证据证明行政行为造成的损害。因被告的原因导致原告无法举证的，由被告承担举证责任。

以案学法

2017 年 9 月 8 日，廖某在某省某市购买一辆"麦凯文"牌电动自行车。次日，廖某持其居民身份证及其购买的"麦凯文"牌电动自行车的合格证到该市交警大队车辆管理所咨询申请非机动车登记事项，但未填写非机动车登记申请表。车辆管理所经查询后告知廖某"麦凯文"牌电动自行车并未纳入《某市非机动车产品目录》，不能办理非机动车登记。廖某于 2017 年 11 月 3 日以该市交警大队不履行法定职责为由向人民法院提起诉讼。请问：人民法院会如何处理？

学法：

依据《某省非机动车管理办法》第十一条、第十二条的规定，某市交警大队系具有负责本行政区域内非机动车道路交通安全管理工作的行政主管部门，其受理非机动车登记申请属于其职权范围。本案中，廖某诉市交警大队不履行法定职责没有法律依据。我国《行政诉讼法》第三十八条第一款规定："在起诉被告不履

行法定职责的案件中，原告应当提供其向被告提出申请的证据……"《最高人民法院关于适用〈中华人民共和国行政诉讼法〉的解释》第九十三条第一款规定："原告请求被告履行法定职责或者依法履行支付抚恤金、最低生活保障待遇或者社会保险待遇等给付义务，原告未先向行政机关提出申请的，人民法院裁定驳回起诉。"本案中，廖某于2017年9月9日仅向市交警大队咨询申请非机动车登记事项，并未填写非机动车登记申请表，应认定廖某当天未向市交警大队提出非机动车登记的申请，廖某也不能提供其提出申请的证据。因此，人民法院应依法驳回廖某的起诉。

资料来源：佚名. 廖运福与晋江市公安局交通警察大队公安行政管理：道路交通管理（道路）一审行政裁定书［EB/OL］.［2018-04-26］. http：//wenshu. court. gov. cn/content/content? DocID = 8c657143-928b-4db8-91b0-a8cc00fbd589&KeyWord = % E9%9D%9E% E6%9C% BA% E5% 8A% A8% E8%BD%A6%E4%BA%A7%E5%93%81%E7%9B%AE%E5%BD%95.（本文有改动）

案例导读评析

按照《中华人民共和国地方各级人民代表大会和地方各级人民政府组织法》的有关规定，管理本行政区域内计划生育工作属于乡（民族乡、镇）人民政府的行政职权。乡（民族乡、镇）人民政府是最基层的人民政府，内部只设办事机构，不设职能部门，在对外活动中，只有乡（民族乡、镇）人民政府具有行政主体资格。本案中，该乡政府人口和计划生育办公室不具有行政主体资格，只能以乡政府的名义从事行政区域内的计划生育管理工作，乡政府是唯一适格的行政主体。

根据我国相关法律规定，行政强制的设定和实施，应当依照法定的权限、范围、条件和程序进行。本案中，乡政府工作人员在没有法律、法规明确授权和未履行法定程序的情况下，带走笔记本电脑，擅自扣押财物及带走孙某，限制其人身自由的行为构成违法。

孙某可以向上一级地方人民政府申请行政复议或向人民法院提起行政诉讼等方式维护自己的合法权益，同时，有权要求行政赔偿。

思考与练习

1. 结合所学知识，分析本案的行政主体。

2013 年 5 月 6 日，某县政府成立县砂石资源税费征收综合整治工作领导小组，具体负责领导小组日常事务和全县砂石资源税费征收综合整治工作。2014 年 3 月 21 日晚，该领导小组以违反法律法规开采砂石资源和偷逃税费为由，通知该县公安、国土、水务等职能部门统一行动，各职能部门未提前告知、未亮明身份、未制作文书、未告知诉权，按照各自职责采取停电、停水、拆除设备等方式对该县某乡砂石料厂进行现场整治。

2. 以小组为单位组织案例讨论。

原告"北雁云依"出生于 2009 年 1 月 25 日，其父亲名为吕某，母亲名为张某。因酷爱诗词歌赋和中国传统文化，吕某、张某夫妇二人决定给爱女起名为"北雁云依"，并以"北雁云依"为名办理了新生儿出生证明、计划生育服务手册和新生儿落户备查登记。2009 年 2 月，吕某前往燕山派出所为女儿申请办理户口登记，被民警告知拟被登记人员的姓氏应当随父姓或者母姓，即姓"吕"或者姓"张"，否则不符合办理出生登记的条件。因吕某坚持以"北雁云依"为姓名为女儿申请户口登记，被告燕山派出所遂依照我国《婚姻法》第二十二条之规定，于当日作出拒绝办理户口登记的具体行政行为。原告"北雁云依"法定代理人吕某不服，请求法院判令确认被告拒绝以"北雁云依"为姓名办理户口登记的行为违法。法院应如何处理？

第四章

民事权利与民事责任

学习目标

1. 知道自然人与法人的民事权利能力与民事行为能力的相关法律规定。

2. 准确掌握民法总则关于民事权利及承担民事责任方式的法律规定。

3. 能运用民法相关知识处理生活中与个人相关的简单的债权、人身权纠纷。

4. 能运用物权法等法律规定处理土地承包经营权、宅基地使用权等相关民事权利问题。

案例导读

　　某村村民叶某咨询：其子叶小某于 2009 年 5 月出生，2017 年 8 月 10 日 21 时，到同村村民刘某开设的小百货商店买冷饮，当时未注意到小店关着的玻璃门，便直接撞到门上，将玻璃门撞碎，因此受伤，后被送到县医院抢救。后转院到市医院住院治疗至 8 月 25 日出院。住院期间共计支付医药费 3 万多元。同年 9 月 27 日，经市司法鉴定所认定，其子外伤致膈肌破裂修补构成十级残疾；胃破裂修补构成十级残疾；脾破裂修补构成十级残疾，上述损伤综合评定为九级残疾。

请思考：

刘某是否应对叶小某受伤承担民事赔偿责任？叶某作为监护人是否也要承担一定的民事责任？叶小某的医药费、护理费、住院伙食补助费、交通费、残疾赔偿金、精神抚慰金、营养费、鉴定费等损失该如何赔偿？

这个实例涉及未成年人的民事行为能力、未成年人的监护人的职责及民事侵权损害赔偿责任等问题，认真学习我国民法总则、侵权责任法的相关规定以及本章相关的内容，应该可以解决这些问题。

第一节　民事主体

民事主体，即民事法律关系的主体，是指参加民事法律关系享受权利和承担义务的人，即民事法律关系的当事人。民事主体的资格由法律规定，依照我国法律，包括公民、法人及其他非法人组织，以及个别情形下的国家，如国家成为无主财产的所有人。

一、自然人

作为民事法律关系的主体，必须具有民事权利能力和民事行为能力。民事权利能力是指国家通过法律确认的、享受民事权利和承担民事义务的资格。民事行为能力是民事主体独立地以自己的行为为自己或他人取得民事权利或承担民事义务的能力。民事权利能力是民事行为能力的前提，民事行为能力是民事权利能力实现的条件。民事行为能力的范围只能小于或等于民事权利能力的范围。

1. 自然人的民事权利能力和民事行为能力

自然人的民事权利能力始于出生，终于死亡。自然人的出生时间和死亡时间，以出生证明、死亡证明记载的时间为准；没有出生证明、死亡证明的，以户籍登记或者其他有效身份登记记载的时间为准。有其他证据足以推翻以上记载时间的，以该证据证明的时间为准。涉及遗产继承、接受赠与等胎儿利益保护的，胎儿视为具有民事权利能力。但是胎儿娩出时为死体的，其民事权利能力自始不存在。

自然人的民事行为能力规定为完全民事行为能力、限制民事行为能力和无民事行为能力三种。不满八周岁的未成年人是无民事行为能力人；八周岁以上的未成年人是限制民事行为能力人；十八周岁以上的自然人为完全民事行为能力人；十六周岁以上的未成年人，以自己的劳动收入为主要生活来源的，视为完全民事行为能力人。另外，不能辨认自己行为的成年人为无民事行为能力人；不能完全辨认自己行为的成年人为限制民事行为能力人。

民法总则规定，无民事行为能力人，由其法定代理人代理实施民事法律行为。限制民事行为能力人，实施民事法律行为由其法定代理人代理或者经其法定代理人同意、追认，但是可以独立实施纯获利益的民事法律行为或者与其智力、精神健康状况相适应的民事法律行为。

以案学法

李某生于 2001 年 5 月，2017 年 6 月被某工厂招为工人。同年 10 月，他不慎将同事王某的一台价值数千元的手提电脑摔坏了。王某要求李某赔偿，李某说没有钱赔。王某找到李某的父亲李丙，要求李丙代李某赔偿，李丙说李某已离开家庭独立生活，家中不应当负赔偿责任。李丙还认为，李某现在还不满 18 周岁，是未成年人，他所在的车间应当对他承担监护责任，因而应当由李某所在的车间代李某赔偿损失。无奈，王某只好将李某起诉到当地法院，要求李某承担赔偿责任。

学法：

我国《民法总则》第十八条规定，十六周岁以上的未成年人，以自己的劳动收入为主要生活来源的，视为完全民事行为能力人。李某在损坏王某的手提电脑时，已满16周岁，并以自己的劳动收入为主要生活来源，根据我国法律规定，应视为完全民事行为能力人。他既具有完全的民事行为能力，就应承担赔偿他人财产损失的民事责任。没有钱不能成为拒绝赔偿损失的理由。因此，应由李某承担赔偿责任，当然，可以采用分期赔偿的方式。王某无权要求李某的父亲代李某承担赔偿责任。同时，李某既具有完全民事行为能力，并不存在监护问题，李丙认为李某所在的车间应当对李某承担监护责任并应代李某赔偿损失的意见也不能成立。

2. 监护

为保护无民事行为能力人、限制民事行为能力人的人身权利、财产权利以及其他合法权益，法律规定了监护制度。监护人的职责是代理被监护人实施民事法律行为。

一般情况下，父母是未成年子女的监护人。未成年人的父母已经死亡或者没有监护能力的，由下列有监护能力的人按顺序担任监护人：祖父母、外祖父母；兄、姐；其他愿意担任监护人的个人或者组织，但是须经未成年人住所地的居民委员会、村民委员会或者民政部门同意。

无民事行为能力或者限制民事行为能力的成年人的监护人设置是，由下列有监护能力的人按顺序担任监护人：配偶；父母、子女；其他近亲属；其他愿意担任监护人的个人或者组织，但是须经被监护人住所地的居民委员会、村民委员会或者民政部门同意。

监护人不履行监护职责或者侵害被监护人合法权益的，应当承担法律责任。

以案学法

孙某是刘某的姐夫，刘某的姐姐刘红与孙某生育有一个女儿孙小红，现年4

岁。刘红因交通事故死亡后，刘某一直在孙某家中帮忙照顾孙小红。某日，刘某趁孙某外出之际，将孙小红带到自己乡下的家中。此后，孙某及其亲友多次要求刘某将孙小红送回，均被拒绝。现孙某起诉到法院，要求刘某将孙小红送回，并赔偿因孙小红离开而造成的精神损失费若干。刘某则认为孙某有重男轻女思想，孙小红由其抚养不利于孙小红成长。

学法：

孙某要求刘某送回孙小红的请求是合法的。因为《民法总则》规定，父母是未成年子女的法定监护人，其依法履行监护职责受法律保护。只有在父母死亡、没有监护能力或者有其他法定理由的情况下其才失去监护资格。孙某作为孙小红的父亲，其监护资格是法定的，其作为法定监护人，有权要求刘某将孙小红送回由自己照顾和教育。

孙某要求刘某赔偿精神损失的请求是合法的。因为本案中刘某趁孙某外出之际，将孙小红私自带回自己家中，虽然不存在其他非法动机，但其非法使被监护人孙小红脱离监护人的监护，在孙某多次提出请求的情况下仍不送回，可认为导致了孙某父女关系受到严重伤害，故孙某有权请求损害赔偿。

资料来源：李仁玉，陈敦. 民法案例题解［M］. 北京：法律出版社，2004.

3. 宣告失踪与宣告死亡

为保护失踪人的民事权益，法律规定了宣告失踪与宣告死亡制度。

宣告失踪，指自然人下落不明满两年的，利害关系人可以向人民法院申请宣告该自然人为失踪人。自然人下落不明的时间从其失去音讯之日起计算。战争期间下落不明的，下落不明的时间自战争结束之日或者有关机关确定的下落不明之日起计算。失踪人的财产由其配偶、成年子女、父母或者其他愿意担任财产代管人的人代管。财产代管人应当妥善管理失踪人的财产，维护其财产权益。

宣告死亡，指自然人有下列情形之一的，利害关系人可以向人民法院申请宣告该自然人死亡：下落不明满四年；因意外事件，下落不明满两年。因意外事件下落不明，经有关机关证明该自然人不可能生存的，申请宣告死亡不受两年时间的限制。被宣告死亡的人，人民法院宣告死亡的判决作出之日视为其死亡的日期；因意外事件下落不明宣告死亡的，意外事件发生之日视为其死亡的日期。自然人被宣告死亡但是并未死亡的，不影响该自然人在被宣告死亡期间实施的民事法律行为的效力。被宣告死亡的人重新出现，经本人或者利害关系人申请，人民法院应当撤销死亡宣告。

 **以案学法**

张某与王某为夫妻，生有一子。张某因到非洲经商曾向李某借款10万元。2015年5月以后，张某失踪，一直下落不明。2017年6月，李某向当地人民法院提出申请宣告张某失踪，人民法院作出了对张某失踪的宣告。但在张某财产代管人的问题上，其妻王某与其母陈某发生争议。经法院查明，在张某失踪期间，其妻王某经常将家中物品搬到姘夫家中与其共用。

学法：

申请宣告失踪的利害关系人包括：被申请宣告失踪人的配偶、父母、子女、兄弟姐妹、祖父母、外祖父母、孙子女、外孙子女以及其他与被申请人有民事权利义务关系的人。有民事权利义务关系的人包括债权人、债务人。申请宣告失踪的目的是确定失踪人的财产代管人和使失踪人的债权债务得到清偿，因此，利害关系人没有先后顺序，只要有人提出申请，即使其他利害关系人反对，人民法院也要受理失踪宣告案件。本案中，李某是张某的债权人，属于近亲属之外的利害关系人，其有权申请宣告张某失踪。

我国《民法总则》第四十二条、第四十三条规定，失踪人的财产由其配偶、成年子女、父母或者其他愿意担任财产代管人的人代管。财产代管人应当妥善管理失踪人的财产，维护其财产权益。在确定张某财产代管人的问题上，应遵循对失踪人财产有利的原则，因失踪人张某的妻子王某与他人姘居，并将家中物品搬到姘夫家中与其共用，显然不利于管理张某的财产，因此，应由张某的母亲陈某作为财产代管人。

二、 法人

法人是具有民事权利能力和民事行为能力，依法独立享有民事权利和承担民事义务的组织。法人应当有自己的名称、组织机构、住所、财产或者经费。法人以其全部财产独立承担民事责任。法人成立的具体条件和程序，依照法律、行政法规的规定。

（一）法人的民事权利能力和民事行为能力

法人的民事权利能力和民事行为能力同时产生，同时终止，即始于法人成立，终于法人消灭。法人的民事权利能力与其民事行为能力在范围上是完全一致的，法人的民事行为能力不能超出其民事权利能力的范围。

依照法律或者法人章程的规定，代表法人从事民事活动的负责人，为法人的法定代表人。法定代表人以法人名义从事的民事活动，其法律后果由法人承受。法人章程或者法人权力机构对法定代表人代表权的限制，不得对抗善意相对人。法定代表人因执行职务造成他人损害的，由法人承担民事责任。法人承担民事责任后，依照法律或者法人章程的规定，可以向有过错的法定代表人追偿。

以案学法

某村村民李某、王某与何某经协商共同成立向阳红花卉种植有限公司，李某为董事长、王某为业务经理、何某任财务负责人。公司章程约定，公司购置财产超过 10 万元的，应由三人协商同意。为更好地开展花卉接送业务，李某未与王某、何某商量，即与某汽车公司签订合同，购买了一辆价值 21 万元的厢式货车。王某、何某知道后不同意支付车款，产生纠纷。

学法：

根据《中华人民共和国合同法》（以下简称《合同法》）第五十条规定，法人或者其他组织的法定代表人、负责人超越权限订立的合同，除相对人知道或者应当知道其超越权限的以外，该代表行为有效。本案中，公司章程虽然规定公司购置财产超过 10 万元的应当经三人同意，但该内部规定对于善意第三人来说不具有约束力。为保护善意第三人（某汽车公司）的利益，李某作为法定代表人，其违反公司章程规定签订的汽车买卖合同仍是有效的。

（二）法人的种类

法人主要包括营利法人、非营利法人和特别法人。

营利法人是以取得利润并分配给股东等出资人为目的成立的法人。营利法人包括有限责任公司、股份有限公司和其他企业法人等。

非营利法人是为公益目的或者其他非营利目的成立，不向出资人、设立人或者会员分配所取得利润的法人。

特别法人是指机关法人、农村集体经济组织法人、城镇农村的合作经济组织法人、基层群众性自治组织法人。有独立经费的机关和承担行政职能的法定机构从成立之日起，具有机关法人资格，可以从事为履行职能所需要的民事活动。城镇农村的合作经济组织依法取得法人资格。居民委员会、村民委员会具有基层群众性自治组织法人资格，可以从事为履行职能所需要的民事活动。未设立村集体经济组织的，村民委员会可以依法代行村集体经济组织的职能。

三、非法人组织

非法人组织是指不具有法人资格，但是能够依法以自己的名义从事民事活动的组织。非法人组织包括个人独资企业、合伙企业、不具有法人资格的专业服务机构等。

非法人组织应当依照法律的规定进行登记。设立非法人组织，法律、行政法规规定须经有关机关批准的，依照其规定。

非法人组织的财产不足以清偿债务的，其出资人或者设立人承担无限责任。法律另有规定的，依照其规定。非法人组织可以确定一人或者数人代表该组织从事民事活动。

第二节　民事法律行为、代理与诉讼时效

民事法律行为、代理与诉讼时效都是法律规定的、能够引起民事法律关系产生、变更和消灭的法律事实。民事法律行为是由民事主体作出的行为。代理是受他人委托、或由法律规定、或由有关部门指定产生。诉讼时效是指权利人经过法定期限不行使自己的权利，依法律规定即丧失请求法院依诉讼程序强制义务人履行义务的权利。

一、民事法律行为

民事法律行为是民事主体通过意思表示设立、变更、终止民事法律关系的行为。民事法律行为可以采用书面形式、口头形式或者其他形式。民事法律行为自成立时生效，但是法律另有规定或者当事人另有约定的除外。行为人非依法律规定或者未经对方同意，不得擅自变更或者解除民事法律行为。

（一）民事法律行为的有效要件

具备下列条件的民事法律行为有效：① 行为人具有相应的民事行为能力；② 意思表示真实；③ 不违反法律、行政法规的强制性规定，不违背公序良俗。

限制民事行为能力人实施的纯获利益的民事法律行为或者与其年龄、智力、精神健康状况相适应的民事法律行为有效；实施的其他民事法律行为经法定代理人同意或者追认后有效。

（二）无效的民事法律行为

无效的民事法律行为是指已经成立的民事法律行为，严重欠缺民事法律行为的生效要件，因而自始、绝对、确定、当然、永久地不按照行为人设立、变更、终止民事法律关系的意思表示发生预期效力的民事法律行为。主要包括以下内容。

（1）无民事行为能力人实施的民事法律行为无效。

（2）行为人与相对人以虚假的意思表示实施的民事法律行为无效。

（3）违反法律、行政法规的强制性规定的民事法律行为无效，但是该强制性规定不导致该民事法律行为无效的除外。

（4）违背公序良俗的民事法律行为无效。

（5）行为人与相对人恶意串通，损害他人合法权益的民事法律行为无效。

（三）可撤销的民事法律行为

可撤销的民事法律行为指行为人或相对人有权请求人民法院或者仲裁机构予以撤销的民事法律行为。

（1）限制民事行为能力人实施的与其年龄、智力、精神健康状况不相适应的民事法律行为。相对人可以催告法定代理人自收到通知之日起一个月内予以追认。法定代理人未作表示的，视为拒绝追认。民事法律行为被追认前，善意相对人有撤销的权利。撤销应当以通知的方式作出。

（2）基于重大误解实施的民事法律行为。

（3）一方以欺诈手段，使对方在违背真实意思的情况下实施的民事法律行为，受欺诈方有权请求人民法院或者仲裁机构予以撤销。

（4）第三人实施欺诈行为，使一方在违背真实意思的情况下实施的民事法律行为，对方知道或者应当知道该欺诈行为的，受欺诈方有权请求人民法院或者仲裁机构予以撤销。

（5）一方或者第三人以胁迫手段，使对方在违背真实意思的情况下实施的民事法律行为，受胁迫方有权请求人民法院或者仲裁机构予以撤销。

（6）一方利用对方处于危困状态、缺乏判断能力等情形，致使民事法律行为成立时显失公平的，受损害方有权请求人民法院或者仲裁机构予以撤销。

有下列情形之一的撤销权消灭：① 当事人自知道或者应当知道撤销事由之日起一年内，重大误解的当事人自知道或者应当知道撤销事由之日起三个月内没有行使撤销权；② 当事人受胁迫，自胁迫行为终止之日起一年内没有行使撤销权；③ 当事人知道撤销事由后明确表示或者以自己的行为表明放弃撤销权。

当事人自民事法律行为发生之日起五年内没有行使撤销权的，撤销权消灭。

（四）无效或被撤销的民事法律行为的效力

无效的或者被撤销的民事法律行为自始没有法律约束力。民事法律行为部分无效，不影响其他部分效力的，其他部分仍然有效。

民事法律行为无效、被撤销或者确定不发生效力后，行为人因该行为取得的财产，应当予以返还；不能返还或者没有必要返还的，应当折价补偿。有过错的一方应当赔偿对方由此所受到的损失；各方都有过错的，应当各自承担相应的责任。法律另有规定的，依照其规定。

以案学法

村民周老汉在老伴亡故后与独生子共同生活，近日因儿子感染疾病，急需治疗费用，苦于家庭收入有限，十分着急。邻居刘某想要扩大自己的房屋，于是找到周老汉，提出以2万元的价格购买周老汉实际价值为4万元的住房及宅基地。周老汉因急需用钱，不得已答应了。几个月后，周老汉反悔，发生纠纷。

学法：

根据《民法总则》第一百五十一条规定，一方利用对方处于危困状态、缺乏判断能力等情形，致使民事法律行为成立时显失公平的，受损害方有权请求人民法院或者仲裁机构予以撤销。本案中，刘某趁周老汉处于急需用钱的情况下，签订购买住房及宅基地的协议，属于利用对方处于危困状态致使民事法律行为成立时显失公平的行为，周老汉有权请求人民法院予以变更或撤销。

二、　代理

代理人在代理权限内，以被代理人名义实施的民事法律行为，对被代理人发生效力。

依照法律规定、当事人约定或者民事法律行为的性质，应当由本人亲自实施的民事法律行为，不得代理。如办理结婚登记、演员履行表演合同等。

1. 代理的种类

代理包括委托代理和法定代理。委托代理人按照被代理人的委托行使代理权，委托代理授权采用书面形式的，授权委托书应当载明代理人的姓名或者名称、代理事项、权限和期间，并由被代理人签名或者盖章。法定代理人依照法律的规定行使代理权。

2. 代理人的责任

（1）代理人不履行或者不完全履行职责，造成被代理人损害的，应当承担民事责任。

（2）代理人和相对人恶意串通，损害被代理人合法权益的，代理人和相对人应当承担连带责任。

（3）代理人知道或者应当知道代理事项违法仍然实施代理行为，或者被代理人知道或者应当知道代理人的代理行为违法未作反对表示的，被代理人和代理人应当承担连带责任。

执行法人或者非法人组织工作任务的人员，就其职权范围内的事项，以法人或者非法人组织的名义实施民事法律行为，对法人或者非法人组织发生效力。法人或者非法人组织对执行其工作任务的人员职权范围的限制，不得对抗善意相对人。

3. 无权代理及其追认

行为人没有代理权、超越代理权或者代理权终止后，仍然实施代理行为，未经被代理人追认的，对被代理人不发生效力。相对人可以催告被代理人自收到通知之日起一个月内予以追认。被代理人未作表示的，视为拒绝追认。行为人实施的行为被追认前，善意相对人有撤销的权利。撤销应当以通知的方式作出。行为人实施的行为未被追认的，善意相对人有权请求行为人履行债务或者就其受到的损害请求行为人赔偿，但是赔偿的范围不得超过被代理人追认时相对人所能获得的利益。相对人知道或者应当知道行为人无权代理的，相对人和行为人按照各自的过错承担责任。

4. 表见代理

行为人没有代理权、超越代理权或者代理权终止后，仍然实施代理行为，相对人有理由相信行为人有代理权的，代理行为有效。

以案学法

临时推销员王某，为某服装公司到某镇推销衬衫，适逢该镇某水果专业合作社低价出售核桃，王某便以某服装公司的名义向水果专业合作社购买核桃2万公斤①，先付一部分货款，所欠部分，水果专业合作社同意王某回某服装公司后一次汇出。王某把这批核桃运回某服装公司后，某服装公司经理表示："本公司不需要这批核桃，是谁买的由谁负责处理。"王某只好另行设法销售这批核桃。出售核桃的水果专业合作社派人到某服装公司催收货款时，某服装公司经理以没有委托王某购买核桃为由，拒绝付款，因而发生纠纷，诉至人民法院。请问：此案应如何处理？

---

① 1公斤＝1千克＝1 000克。

学法：

我国《民法总则》第一百七十一条规定，行为人没有代理权、超越代理权或者代理权终止后，仍然实施代理行为，未经被代理人追认的，对被代理人不发生效力。王某购买核桃的行为，事先未受某服装公司委托，事后未经某服装公司追认，属于无效代理的行为，某服装公司对之不应承担任何民事责任。本无权代理行为的一切后果，均由王某承担。

三、诉讼时效

诉讼时效是指权利人在法定提起诉讼的期间内不行使其权利，即丧失请求法院依诉讼程序强制义务人履行义务的权利。向人民法院请求保护民事权利的诉讼时效期间为三年。诉讼时效期间自权利人知道或者应当知道权利受到损害之日起计算。法律另有规定的，依照其规定。但是自权利受到损害之日起超过二十年的，人民法院不予保护；有特殊情况的，人民法院可以根据权利人的申请决定延长。

1. 诉讼时效的中止

在诉讼时效期间的最后六个月内，因下列障碍，不能行使请求权的，诉讼时效中止：① 不可抗力；② 无民事行为能力人或者限制民事行为能力人没有法定代理人，或者法定代理人死亡、丧失民事行为能力、丧失代理权；③ 继承开始后未确定继承人或者遗产管理人；④ 权利人被义务人或者其他人控制；⑤ 其他导致权利人不能行使请求权的障碍。自中止时效的原因消除之日起满六个月，诉讼时效期间届满。

2. 诉讼时效的中断

有下列情形之一的，诉讼时效中断，从中断、有关程序终结时起，诉讼时效期间重新计算：① 权利人向义务人提出履行请求；② 义务人同意履行义务；③ 权利人提起诉讼或者申请仲裁；④ 与提起诉讼或者申请仲裁具有同等效力的其他情形。

3. 下列请求权不适用诉讼时效的规定

其中包括：① 请求停止侵害、排除妨碍、消除危险；② 不动产物权和登记的动产物权的权利人请求返还财产；③ 请求支付抚养费、赡养费或者扶养费；④ 依法不适用诉讼时效的其他请求权。

以案学法

2011 年 2 月 25 日，龙某向丁某借款 20 000 元。约定 2011 年 5 月底前偿还 10 000 元，2011 年 12 月底前偿还 10 000 元。到期后，龙某未偿还借款。2015 年 4 月 7 日，丁某到龙某家中催讨借款，龙某承认向原告借款 20 000 元，并表示要偿还该借款，丁某在催讨过程中用手机进行了录音。此后，龙某以丁某的儿子与其有经济纠纷为由拒绝偿还借款。2015 年 4 月 14 日，丁某向铜仁市万山区人民法院起诉要求龙某偿还借款，龙某的代理律师提出本案已过 2 年诉讼时效，请求驳回原告的诉讼请求。

学法：

经铜仁市万山区人民法院审理认为，虽然丁某的借款从约定的还款日期即 2011 年 12 月底至催收之日即 2015 年 4 月 7 日，已经超过了 2 年诉讼时效。但是龙某在丁某催收借款之日，又表示同意偿还丁某的借款。根据《中华人民共和国民法通则》第一百四十条"诉讼时效因提起诉讼、当事人一方提出要求或者同意履行义务而中断。从中断时起，诉讼时效期间重新计算"，以及《最高人民法院关于审理民事案件适用诉讼时效制度若干问题的规定》第二十二条"诉讼时效期间届满，当事人一方向对方当事人作出同意履行义务的意思表示或者自愿履行义务后，又以诉讼时效期间届满为由进行抗辩的，人民法院不予支持"之规定，丁某主张权利的诉讼时效在 2015 年 4 月 7 日已经发生了中断，应重新计算 2 年的诉讼时效期间，故该案未超过诉讼时效，龙某提出的诉讼时效抗辩，法院不予支持。

最后，万山区法院判决龙某偿还丁某的 20 000 元借款。龙某不服提起上诉，二审法院维持了原审判决。①

资料来源：刘龙林．借款过了 2 年诉讼时效，就一定要不回？［EB/OL］．［2016－07－29］．http：//www. fzshb. cn/2016/ya_0729/21195. html. （本文有改动）

第三节　物权

物权是指权利人依法对特定的物享有直接支配和排他的权利，包括所有权和他物权。他物权又包括用益物权和担保物权。或者说，物权是指自然人、法人直接支配不动产或者动产的权利，包括所有权、用益物权和担保物权。民法所称物，包括不动产和动产。不动产指土地以及建筑物等土地附着物，动产指不动产以外的物。

一、财产所有权

所有权人对自己的不动产或者动产，依法享有占有、使用、收益和处分的权利。所有权人有权在自己的不动产或者动产上设立用益物权和担保物权。用益物权人、担保物权人行使权利，不得损害所有权人的权益。法律规定，专属于国家所有的不动产和动产，任何单位和个人不能取得所有权。

（一）国家所有权

国有财产是法律规定属于国家所有的财产，属于国家所有即全民所有。国有财产由国务院代表国家行使所有权。矿藏、水流、海域属于国家所有。城市的土地属于国家所有。法律规定属于国家所有的农村和城市郊区的土地，属于国家所

---

① 特别提示：为充分保护权利人利益，《民法总则》将原《民法通则》中关于向人民法院请求保护民事权利的诉讼时效期间的规定由两年修改为三年，自 2017 年 10 月 1 日起施行。

有。森林、山岭、草原、荒地、滩涂等自然资源，属于国家所有，但法律规定属于集体所有的除外。法律规定属于国家所有的野生动植物资源，属于国家所有。无线电频谱资源属于国家所有。法律规定属于国家所有的文物，属于国家所有。国防资产属于国家所有。铁路、公路、电力设施、电信设施和油气管道等基础设施，依照法律规定为国家所有的，属于国家所有。

（二）集体所有权

1. 集体所有权的范围

集体所有的不动产和动产包括：① 法律规定属于集体所有的土地和森林、山岭、草原、荒地、滩涂；② 集体所有的建筑物、生产设施、农田水利设施；③ 集体所有的教育、科学、文化、卫生、体育等设施；④ 集体所有的其他不动产和动产。

2. 集体所有权的行使

农民集体所有的不动产和动产，属于本集体成员集体所有。下列事项应当依照法定程序经本集体成员决定：① 土地承包方案以及将土地发包给本集体以外的单位或者个人承包；② 个别土地承包经营权人之间承包地的调整；③ 土地补偿费等费用的使用、分配办法；④ 集体出资的企业的所有权变动等事项；⑤ 法律规定的其他事项。

对于集体所有的土地和森林、山岭、草原、荒地、滩涂等，依照下列规定行使所有权：① 属于村农民集体所有的，由村集体经济组织或者村民委员会代表集体行使所有权；② 分别属于村内两个以上农民集体所有的，由村内各该集体经济组织或者村民小组代表集体行使所有权；③ 属于乡镇农民集体所有的，由乡镇集体经济组织代表集体行使所有权。

3. 集体所有权的保护

集体经济组织或者村民委员会、村民小组应当依照法律、行政法规以及章程、村规民约向本集体成员公布集体财产的状况。集体所有的财产受法律保护，禁止任何单位和个人侵占、哄抢、私分、破坏。集体经济组织、村民委员会或者其负责人作出的决定侵害集体成员合法权益的，受侵害的集体成员可以请求人民法院予以撤销。

4. 征收

为了公共利益的需要，依照法律规定的权限和程序可以征收集体所有的土地和单位、个人的房屋及其他不动产。

征收集体所有的土地，应当依法足额支付土地补偿费、安置补助费、地上附着物和青苗的补偿费等费用，安排被征地农民的社会保障费用，保障被征地农民的生活，维护被征地农民的合法权益。

征收单位、个人的房屋及其他不动产，应当依法给予拆迁补偿，维护被征收人的合法权益；征收个人住宅的，还应当保障被征收人的居住条件。任何单位和个人不得贪污、挪用、私分、截留、拖欠征收补偿费等费用。

国家对耕地实行特殊保护，严格限制农用地转为建设用地，控制建设用地总量。不得违反法律规定的权限和程序征收集体所有的土地。

（三）个人所有权

个人对其合法的收入、房屋、生活用品、生产工具、原材料等不动产和动产享有所有权。私人合法的储蓄、投资及其收益受法律保护。国家依照法律规定保护私人的继承权及其他合法权益。

私人的合法财产受法律保护，禁止任何单位和个人侵占、哄抢、破坏。

国家、集体和私人依法可以出资设立有限责任公司、股份有限公司或者其他企业。国家、集体和私人所有的不动产或者动产，投到企业的，由出资人按照约定或者出资比例享有资产收益、重大决策以及选择经营管理者等权利并履行义务。

二、　用益物权

用益物权人对他人所有的不动产或者动产，依法享有占有、使用和收益的权利。国家所有或者国家所有由集体使用以及法律规定属于集体所有的自然资源，单位、个人依法可以占有、使用和收益。

（一）土地承包经营权

农民集体所有和国家所有由农民集体使用的耕地、林地、草地以及其他用于农业的土地，依法实行土地承包经营制度。农村集体经济组织实行家庭承包经营为基础、统分结合的双层经营体制。

1. 土地承包经营权人的权利

土地承包经营权人依法对其承包经营的耕地、林地、草地等享有占有、使用和收益的权利，有权从事种植业、林业、畜牧业等农业生产。耕地的承包期为三十年。草地的承包期为三十年至五十年。林地的承包期为三十年至七十年；特殊林木的林地承包期，经国务院林业行政主管部门批准后，可以延长。承包期届满，由土地承包经营权人按照国家有关规定继续承包。

土地承包经营权人依照《中华人民共和国农村土地承包法》（以下简称《农村土地承包法》）的规定，有权将土地承包经营权采取转包、互换、转让等方式流转。流转的期限不得超过承包期的剩余期限。未经依法批准，不得将承包土地用于非农建设。土地承包经营权人将土地承包经营权互换、转让，当事人要求登记的，应当向县级以上地方人民政府申请土地承包经营权变更登记；未经登记，不得对抗善意第三人。

承包期内发包人不得调整承包地。因自然灾害严重毁损承包地等特殊情形，需要适当调整承包的耕地和草地的，应当依照《农村土地承包法》等法律规定办理。

承包期内发包人不得收回承包地。承包地被征收的，土地承包经营权人有权获得相应补偿。通过招标、拍卖、公开协商等方式承包荒地等农村土地，依照《农村土地承包法》等法律和国务院的有关规定，其土地承包经营权可以转让、入股、抵押或者以其他方式流转。

2. 土地承包经营权的取得

土地承包经营权自土地承包经营权合同生效时设立。县级以上地方人民政府应当向土地承包经营权人发放土地承包经营权证、林权证、草原使用权证，并登记造册，确认土地承包经营权。

3. 土地承包经营权的改革

2016 年 10 月 30 日，中共中央办公厅、国务院办公厅发布了《关于完善农村土地所有权承包权经营权分置办法的意见》，完善农村土地所有权、承包权、经营权分置，提出深化农村土地制度改革，放活土地经营权，实行所有权、承包权、经营权"三权分置"。所谓农村土地三权分置，就是所有土地的所有权归集体，农民拥有土地的承包权，随着进城务工的农民把承包土地出租、转让给其他人，受让人不拥有承包权，而是一种经营权。这样，就有了三种权利，即归集体的土地所有权、归原农户的承包权以及归实际经营者的经营权。为了顺应农民保留土地承包权、流转土地经营权的意愿，国家将土地承包经营权分为承包权和经营权，实行所有权、承包权、经营权分置并行。农民可以将其承包的土地的经营权出租，获得相应利益。

 以案学法

某村村民王某一家，与所在村的 100 多户家庭于 1986 年与该村村委会签订了承包合同，承包该村荒废多年的沙岗、沙丘、沙滩地近 3 000 亩，合同约定承包期限为 20 年。经过王某等人的辛苦劳作与大量投入，沙荒地终于改造成良田。但 2006 年合同到期时，承包户大部分投资尚未收回，王某等人便向村委会提出延长承包期限的要求，遭到拒绝，后村委会将王某等人诉诸法院，请求法院判令承包户退还承包的土地。

学法：

《中华人民共和国物权法》（以下简称《物权法》）第一百二十六条规定，耕地的承包期为三十年。草地的承包期为三十年至五十年。林地的承包期为三十年至七十年，特殊林木的林地承包期，经国务院林业行政主管部门批准可以延长。前款规定的承包期届满，由土地承包经营权人按照国家有关规定继续承包。最高人民法院《关于审理涉及农村土地承包纠纷案件适用法律问题的解释》第七条规定，承包合同约定或者土地承包经营权证等证书记载的承包期限短于农村土地承包法规定的期限，承包方请求延长的，应予支持。根据上述法律规定，我们可以看出：其一，《物权法》在对农村土地承包经营权期限采取法定化的同时，还对土地承包经营权期限届满的续期作出特别规定，只要土地承包经营权人没有明确表示不愿意继续承包，就享有在原土地承包经营权合同期限届满时继续承包土地的权利；其二，若承包合同约定的期限短于《农村土地承包法》规定的期限，承包方请求延长的，应予支持。

本案中，王某等人承包的沙荒地，属于"四荒"土地（荒山、荒沟、荒丘、荒滩），虽然我国《农村土地承包法》和《物权法》均未对其承包经营权期限作出规定，但稳定土地承包关系是我国农村政策的核心内容。家庭承包若没有足够长的期限，那么确保土地承包经营权的稳定性和确定性、提高广大农民在承包土地上进行长期投入的积极性便成了空谈。作为"四荒"地而言，较之普通土地，具有投入更大、收效更慢、风险更高的特点，国务院办公厅分别于1996年、1999年发出通知，重申"四荒"土地承包期限最长可达50年。可见，村委会拒绝王某等人的续包要求，既不合情理，也不合法。本案原承包合同约定20年承包期，明显低于《农村土地承包法》及《物权法》和有关行政法规规定的承包期限，王某等人可向人民法院提起变更之诉，要求变更原合同中约定的承包经营期限，而人民法院应依照上述法律规定和我国《合同法》有关规定予以支持。

资料来源：雷韶南."四荒"地续包问题浅析［N］.人民法院报，2008-10-14.

（二）农村宅基地使用权

宅基地使用权人依法对集体所有的土地享有占有和使用的权利，有权依法利用该土地建造住宅及其附属设施。宅基地使用权的取得、行使和转让，适用《土地管理法》等法律和国家有关规定。宅基地因自然灾害等原因灭失的，宅基地使用权消灭。对失去宅基地的村民，应当重新分配宅基地。已经登记的宅基地使用权转让或者消灭的，应当及时办理变更登记或者注销登记。

我国的宅基地制度复杂而严密，简单概括起来共有三个原则：一是宅基地为集体所有，农户只拥有使用权；二是"一户一宅"，一家农户只能使用一处宅基地；三是排他性原则，只有集体经济组织的成员，才有资格申请宅基地，且"无偿获得"，非集体成员没有资格申请宅基地。2018年中央一号文件提出，完善农民闲置宅基地和闲置农房政策，探索宅基地所有权、资格权、使用权"三权分置"，落实宅基地集体所有权，保障宅基地农户资格权和农民房屋财产权，适度放活宅基地和农民房屋使用权。

（三）相邻权

相邻权指不动产的所有人或使用人在处理相邻关系时所享有的权利。具体来说，在相互毗邻的不动产的所有人或者使用人之间，任何一方为了合理行使其所有权或使用权，享有要求其他相邻方提供便利或是接受一定限制的权利。相邻权实质上是对所有权的限制和延伸。

 以案学法

李大、李二系亲兄弟。2016年，李大在父母分给自己的老屋地基上修建房屋时，因通道问题与李二发生纠纷，李二便以李大所修建房屋没有留出合理宽度作为通行道路为由，强行将李大已修建好的通道石墙撬倒，然后将墙脚向内移进去

约20厘米①后再把墙身砌好，并将剩余的石头堆放在通道上，造成李大进出通行不便，无法继续进行房屋施工。李大多次邀请镇、村领导进行调解，双方均未达成调解协议，李大遂向法院提起诉讼，要求李二排除妨碍，恢复道路通行。

学法：

我国《民法通则》第八十三条规定，不动产的相邻各方，应当按照有利生产、方便生活、团结互助、公平合理的精神，正确处理截水、排水、通行、通风、采光等方面的相邻关系。给相邻方造成妨碍或者损失的，应当停止侵害，排除妨碍，赔偿损失。本案中，李二以李大修建房屋时未能按自己的要求留出合理宽度作为通行道路为由，强行将李大修建通道的石墙撬倒并将墙身后移，虽然恢复了墙身并砌好，但将所剩余的废砂石堆放在李大家通行的道路上，严重影响了李大家的通行。李二对自己的行为不能提交有效证据加以证实，辩解理由不能成立。法院在审理查明事实的基础上，依法判决由李二将损毁的李大所修建墙身恢复原状，并将堆放在路上的废砂石予以排除，确保道路的通行。

资料来源：佚名. 亲兄弟建房用地起矛盾 弟用石头把哥家通道堵塞［EB/OL］.［2013-10-25］. http：//www.chinanews.com/sh/2013/10-25/5423437. shtml.（本文有改动）

三、担保物权

担保物权人在债务人不履行到期债务或者发生当事人约定的实现担保物权的情形，依法享有就担保财产优先受偿的权利，法律另有规定的除外。债权人在借贷、买卖等民事活动中，为保障实现其债权，需要担保的，可以依照相关法律的规定设立担保物权。担保物权包括抵押权、质押权、留置权。

抵押权是指为担保债务的履行，债务人或者第三人不转移财产的占有，将该财产抵押给债权人的，债务人不履行到期债务或者发生当事人约定的实现抵押权的情形，债权人有权就该财产优先受偿的权利。债务人或者第三人为抵押人，债

---

① 1厘米=0.01米。

权人为抵押权人，提供担保的财产为抵押财产。

质押权是指为担保债务的履行，债务人或者第三人将其动产出质给债权人占有的，债务人不履行到期债务或者发生当事人约定的实现质权的情形，债权人有权就该动产优先受偿的权利。债务人或者第三人为出质人，债权人为质权人，交付的动产为质押财产。

留置权是指债务人不履行到期债务，债权人可以留置已经合法占有的债务人的动产，并有权就该动产优先受偿的权利。债权人为留置权人，占有的动产为留置财产。

村民刘某成立了养殖专业合作社，为生产经营需要，向当地信用社贷款50万元，信用社要求刘某提供担保，刘某以其在某乡村协商取得的100亩土地承包经营权为抵押，并办理了抵押公证手续。

学法：

根据我国《农村土地承包法》第四十九条规定，通过招标、拍卖、公开协商等方式承包农村土地，经依法登记取得土地承包经营权证或者林权证等证书的，其土地承包经营权可以依法采取转让、出租、入股、抵押或者其他方式流转。本案中，刘某以其公开协商取得承包经营权的土地为抵押物，向当地信用社贷款用于生产经营活动，其抵押是合法的。

第四节 债权

债权是指权利人请求特定义务人为或者不为一定行为的权利。债发生的根据主要有：合同、侵权行为、无因管理、不当得利以及法律的其他规定。例如，拾得遗失物会在拾得人和失主之间产生原物返还的债权债务关系。

一、 合同之债

合同是平等民事主体之间就有关民事权利义务的事项所作的约定，该约定会在当事人之间产生民事权利和民事义务，也就是产生债权债务关系，即依法成立的合同，对当事人具有法律约束力。

（一）合同的订立

1. 要约

要约是希望和他人订立合同的意思表示，该意思表示应当符合下列规定：① 内容具体确定；② 表明经受要约人承诺，要约人即受该意思表示约束。要约邀请是希望他人向自己发出要约的意思表示。寄送的价目表、拍卖公告、招标公告、招股说明书、商业广告等为要约邀请。商业广告的内容符合要约规定的，视为要约。

要约到达受要约人时生效。采用数据电文形式订立合同，收件人指定特定系统接收数据电文的，该数据电文进入该特定系统的时间，视为到达时间；未指定特定系统的，该数据电文进入收件人的任何系统的首次时间，视为到达时间。

要约可以撤回。撤回要约的通知应当在要约到达受要约人之前或者与要约同时到达受要约人。要约可以撤销。撤销要约的通知应当在受要约人发出承诺通知之前到达受要约人。

不得撤销的要约：① 要约人确定了承诺期限或者以其他形式明示要约不可撤销；② 受要约人有理由认为要约是不可撤销的，并已经为履行合同做了准备工作。

有下列情形之一的，要约失效：① 拒绝要约的通知到达要约人；② 要约人依法撤销要约；③ 承诺期限届满，受要约人未作出承诺；④ 受要约人对要约的内容作出实质性变更。

2. 承诺

承诺是受要约人同意要约的意思表示。承诺应当以通知的方式作出，但根据交易习惯或者要约表明可以通过行为作出承诺的除外。

承诺应当在要约确定的期限内到达要约人。要约没有确定承诺期限的，承诺应当依照下列规定到达：① 要约以对话方式作出的，应当即时作出承诺，但当事人另有约定的除外；② 要约以非对话方式作出的，承诺应当在合理期限内到达。要约以信件或者电报作出的，承诺期限自信件载明的日期或者电报交发之日开始计算。信件未载明日期的，自投寄该信件的邮戳日期开始计算。要约以电话、传真等快速通信方式作出的，承诺期限自要约到达受要约人时开始计算。

承诺生效时合同成立。承诺通知到达要约人时生效。承诺不需要通知的，根据交易习惯或者要约的要求作出承诺的行为时生效。采用数据电文形式订立合同的，承诺到达的时间为该数据电文进入该特定系统的时间。

承诺可以撤回。撤回承诺的通知应当在承诺通知到达要约人之前或者与承诺通知同时到达要约人。

受要约人超过承诺期限发出承诺的，除要约人及时通知受要约人该承诺有效的以外，为新要约。受要约人在承诺期限内发出承诺，按照通常情形能够及时到达要约人，但因其他原因承诺到达要约人时超过承诺期限的，除要约人及时通知受要约人因承诺超过期限不接受该承诺的以外，该承诺有效。

承诺的内容应当与要约的内容一致。受要约人对要约的内容作出实质性变更的，为新要约。有关合同标的、数量、质量、价款或者报酬、履行期限、履行地点和方式、违约责任和解决争议方法等的变更，是对要约内容的实质性变更。

承诺对要约的内容作出非实质性变更的，除要约人及时表示反对或者要约表明承诺不得对要约的内容作出任何变更的以外，该承诺有效，合同的内容以承诺的内容为准。

（二）合同的履行

当事人应当按照合同的约定全面履行自己的义务。应当遵循诚实信用原则，根据合同的性质、目的和交易习惯履行通知、协助、保密等义务。合同生效后，当事人不得因姓名、名称的变更或者法定代表人、负责人、承办人的变动而不履行合同义务。

1. 合同约定不明的处理

合同生效后，当事人就质量、价款或者报酬、履行地点等内容没有约定或者约定不明确的，可以协议补充；不能达成补充协议的，按照合同有关条款或者交易习惯确定。如果仍不能确定的，适用下列规定：① 质量要求不明确的，按照国家标准、行业标准履行；没有国家标准、行业标准的，按照通常标准或者符合合同目的的特定标准履行。② 价款或者报酬不明确的，按照订立合同时履行地的市场价格履行；依法应当执行政府定价或者政府指导价的，按照规定履行。③ 履行地点不明确，给付货币的，在接受货币一方所在地履行；交付不动产的，在不动产所在地履行；其他标的，在履行义务一方所在地履行。④ 履行期限不明确的，债务人可以随时履行，债权人也可以随时要求履行，但应当给对方必要的准备时间。⑤ 履行方式不明确的，按照有利于实现合同目的的方式履行。⑥ 履行费用的负担不明确的，由履行义务一方负担。

2. 合同履行中的抗辩权

（1）同时履行抗辩权。这是指当事人互负债务，没有先后履行顺序的，应当同时履行。一方在对方履行债务不符合约定时，有权拒绝其相应的履行要求。

（2）后履行抗辩权。这是指当事人互负债务，有先后履行顺序，先履行一方未履行的，后履行一方有权拒绝其履行要求。先履行一方履行债务不符合约定的，后履行一方有权拒绝其相应的履行要求。

（3）先履行抗辩权。这是指应当先履行债务的当事人，有确切证据证明对方有下列情形之一的，可以中止履行：① 经营状况严重恶化；② 转移财产、抽逃资金，以逃避债务；③ 丧失商业信誉；④ 有丧失或者可能丧失履行债务能力的其他情形。

当事人没有确切证据中止履行的，应当承担违约责任。当事人依法中止履行的，应当及时通知对方。对方提供适当担保时，应当恢复履行。中止履行后，对方在合理期限内未恢复履行能力并且未提供适当担保的，中止履行的一方可以解除合同。

3. 代位权与撤销权

（1）代位权。因债务人怠于行使其到期债权，对债权人造成损害的，债权人可以向人民法院请求以自己的名义代位行使债务人的债权，但该债权专属于债务人自身的除外。代位权的行使范围以债权人的债权为限。债权人行使代位权的必要费用，由债务人负担。

（2）撤销权。因债务人放弃其到期债权或者无偿转让财产，对债权人造成损害的，债权人可以请求人民法院撤销债务人的行为。债务人以明显不合理的低价转让财产，对债权人造成损害，并且受让人知道该情形的，债权人也可以请求人民法院撤销债务人的行为。撤销权的行使范围以债权人的债权为限。债权人行使撤销权的必要费用，由债务人负担。撤销权自债权人知道或者应当知道撤销事由之日起一年内行使。自债务人的行为发生之日起五年内没有行使撤销权的，该撤销权消灭。

（三）合同的变更、转让和终止

1. 合同的变更

变更合同是对当事人原意思表示的调整，因为合同的订立是建立在当事人协商一致的基础之上的，所以变更合同也须当事人协商一致。

2. 合同的转让

合同的转让即合同主体的变更，是指合同当事人将合同权利、义务的全部或部分转让给第三人。合同的转让包括三种情形，即债权转让、债务承担和债权债务的概括转移。不能转让的合同有：① 根据合同性质不得转让；② 按照当事人的约定不得转让；③ 依照法律规定不得转让。

债权人转让权利的，应当通知债务人。未经通知，该转让对债务人不发生效力。债权人转让权利的通知不得撤销，但经受让人同意的除外。债务人接到债权转让通知后，债务人对让与人的抗辩，可以向受让人主张。如果债务人对让与人享有债权，并且债务人的债权先于转让的债权到期或者同时到期的，则债务人可以向受让人主张抵销。

债务承担是指债务人将债务的全部或者部分转移给第三人。

3. 合同的终止

合同的终止就是合同关系的消灭，它意味着合同中设定的权利义务都归于消亡。合同终止的情形有：① 债务已经按照约定履行；② 合同解除；③ 债务相互抵销；④ 债务人依法将标的物提存；⑤ 债权人免除债务；⑥ 债权债务同归于一人；⑦ 法律规定或者当事人约定终止的其他情形。

合同的解除是指合同成立以后，因当事人一方或双方的意思表示而使合同债权债务关系归于消灭的一种行为，分为约定解除和法定解除。法律规定当事人可以解除合同的情形有：① 因不可抗力致使不能实现合同目的；② 在履行期限届满之前，当事人一方明确表示或者以自己的行为表示不履行主要债务；③ 当事人一方迟延履行主要债务，经催告后在合理期限内仍未履行；④ 当事人一方迟延履行债务或有其他违约行为致使不能实现合同目的的。

以案学法

甲公司与乙公司签订一份合同。主要内容：由甲公司向乙公司提供一台机床，价值30万元，运费及其他零星费用共3万元，交货日期为当年12月10日，货到后10日内付款。甲公司延期1个月交货，乙公司收到货物后，以甲公司延期交货为由，一直未付货款，经甲公司多次催要，才支付了10万元。甲公司要求对方偿付欠款并承担延期付款的违约金。乙公司是否应承担偿付余款并支付延期付款的违约金的责任。

学法：

本案中，合同双方当事人都有违约行为，属于双方过错。我国《合同法》第一百二十条规定，当事人双方都违反合同的，应当各自承担相应的责任。甲公司延期交货，违约在先，此时乙公司可提出要求甲公司承担违约责任。甲公司交货后，乙公司接受了货物但以延期交货为由拒付货款，也是一种违反合同的行为，对此，乙公司也应承担违约责任。总之，本合同纠纷是由于双方当事人不适当履行合同而引起的，属于双方违约。根据我国《合同法》的规定，当事人不履行合同义务或履行合同义务不符合约定的，应当承担继续履行、采取补救措施或者赔偿损失等违约责任。

二、　侵权行为之债

侵权行为是指不法侵害他人的合法权益应负的民事责任的行为。在民事活动中，民事主体的民事权益受到侵害的，被侵权人有权请求侵权人承担侵权责任。

以案学法

村民于某驾驶一辆农用车在经过某县城关镇一十字路口时，撞倒了同向骑自行车的谢某，导致谢某右臂被压断。经交通管理部门认定，于某在驾车行驶过程中转弯未减速，谢某在非机动车道正常骑自行车，于某未尽注意事项，应承担事故的全部责任。谢某经住院治疗，花费医疗费、护理费等共计5万余元，且右臂残废，给自己及家人今后的生活造成重大困难。

学法：

根据我国《民法总则》第一百二十条规定，民事权益受到侵害的，被侵权人有权请求侵权人承担侵权责任。本案中，于某驾车时违反交通法规，导致谢某身体受到伤害，谢某有权要求侵权人于某承担全部医疗费、护理费等费用，并支付今后的生活补助费等。

三、无因管理之债

无因管理是指没有法定的或者约定的义务，为避免他人利益受损失而对他人事务进行管理的行为。无因管理人有权请求受益人偿还由此支出的必要费用。设立无因管理之债的目的是保护无因管理人的积极性，达到维护本人利益的目的。

以案学法

村民李某的一头牛走失，被邻村张某看见，于是张某将该牛牵回家，精心饲养，同时还四处张贴寻牛启示。直到一个月后，李某才看见启示，于是李某到张某家牵牛，张某要求李某支付其一定的喂养草料费用。李某则认为张某在此期间使用了他的牛，也应该出使用费，二者正好相抵。

学法：

我国《民法总则》第一百二十一条规定，没有法定的或者约定的义务，为避免他人利益受损失而进行管理的人，有权请求受益人偿还由此支出的必要费用。本案中，李某的牛走失，张某发现后牵回家并饲养，支出了草料喂养等费用，属于无因管理，有权请求李某支付相应费用。而李某认为张某使用了他的牛，要支付使用费则无证据支持。

四、不当得利之债

不当得利是指没有法律根据取得不当利益而使他人受损的事实。受损失的人有权请求获得利益的人返还不当利益。

以案学法

李某于 2017 年 5 月 15 日 5 时在某银行自动取款机准备通过无卡存款方式，向王某勤账户存款 5 000 元，在此过程中李某将账号输错两位数字，因银行自动取款机显示的王某琴与王某勤名字同音，一时疏忽便误将 5 000 元存入王某琴的账户。李某发现转账错误后要求王某琴返还该款，但王某琴拒不返还，李某便诉至法院请求判决王某琴返还其错转的 5 000 元并承担该案诉讼费用。为保证判决得以顺利执行，确保自己的合法权益得以尽快实现，在诉讼过程中，李某向法院申请财产保全，请求对王某琴的银行存款 5 000 元进行保全，同时提供了担保财产。法院依法作出了民事裁定书，及时冻结了被告王某琴的银行存款 5 000 元。

学法：

本案中，原告李某在存款时因账号输入错误，误将 5 000 元存入被告王某琴的账户，被告王某琴无法定或约定的原因而获益，并给原告造成了损失，我国《民法总则》第一百二十二条规定，因他人没有法律依据而取得不当利益，受损失的人有权请求其返还不当利益。由此，被告王某琴的行为已构成不当得利，应当承担向原告李某返还该款的民事责任。

第五节　人身权

人身权，是指民事主体依法享有的、与特定人身相联系而又不直接具有财产内容的民事权利。人身权通常分为人格权和身份权。人身权具有以下法律特征：① 人身权与民事主体的人身密不可分，是一种专属权利。② 人身权是非财产性权利，其内容不具有直接的财产性，但人身权的实现有时表现为财产内容。③ 人身权是绝对权。权利主体特定，义务主体不特定。

一、 生命健康权

生命健康权是指公民依法享有的以生命健康安全为内容的权利，包括生命权、身体权和健康权。生命健康权是公民最重要的民事权利。根据相关民事法律规定，侵害公民身体造成伤害的，应当赔偿医疗费、因误工减少的收入、残疾者生活补助费等费用；造成死亡的，应当支付丧葬费、死者生前扶养的人必要的生活费等费用。此外，法律还规定，受害人因身体伤残所受的肉体与精神痛苦，可给予一定的金钱安慰；受害人死亡的，其近亲属可以请求加害人支付精神损害赔偿金。

以案学法

某一天，王某参加同事的生日宴，同桌的 4 位好友轮番劝酒、敬酒，酒后王某驾车回家，4 位好友并未劝阻，王某在乡间小道上发生交通事故死亡。死者家属起诉同饮者，要求承担赔偿责任。

学法：

《中华人民共和国侵权责任法》（以下简称《侵权责任法》）第六条规定，行为人因过错侵害他人民事权益，应当承担侵权责任。好友同席饮酒是我国传统的交往习俗，对于共同饮酒者，具有一定的提醒和注意义务。虽然喝酒并无过错，但喝酒应当适量，朋友之间基本能了解对方的酒量，发现他人喝酒过度应及时劝阻，同桌喝酒人存在强迫性劝酒、未安全护送醉酒者等情形也要承担相应责任。本案属于因同席饮酒引发的生命权纠纷案件。死者作为具有完全民事行为能力人，在酒席上醉酒以致发生交通事故死亡主要过错在于自己，应当承担主要责任，同桌其他人存在轮番劝酒、敬酒及未劝阻王某酒后驾车等过错行为，应承担次要责任。由此，同桌饮酒的 4 人应赔偿死者家属一定比例的死亡赔偿金、丧葬费等费用。

二、姓名权

姓名权是指民事主体依法享有的决定、使用和变更自己姓名并排除他人侵害的权利。公民享有姓名权，有权决定、使用和依照规定改变自己的姓名，禁止他人干涉、盗用、假冒自己的姓名。姓名权受到侵害，受害人可以要求加害人停止侵害、消除影响、赔礼道歉及赔偿损失。

三、名称权

名称权是指法人、个体工商户和个人合伙等组织使用自己的名称并且不受他人侵害的权利。名称权受到侵害的受害人有权要求行为人停止侵害、消除影响、赔礼道歉及赔偿损失。

四、肖像权

肖像权是指公民通过各种形式在客观上再现自己形象而享有的专有权。公民肖像权受到侵害的，有权要求停止侵害、恢复名誉、消除影响、赔礼道歉及赔偿损失，赔偿包括精神损害赔偿。

以案学法

某白酒销售商朱某在酒店就餐时，无意中发现4名顾客正在豪饮其所经销的白酒，便用随身携带的摄像机拍下一大段视频，然后制作成广告片放在当地电视台播放，而4名顾客的食相非常不雅。

学法：

我国《民法通则》第一百条规定，公民享有肖像权，未经本人同意，不得以营利为目的使用公民的肖像。《最高人民法院关于贯彻执行〈中华人民共和国民法通则〉若干问题的意见（试行）》也规定，以营利为目的，未经公民同意利用其肖像做广告、商标、装饰橱窗等，应当认定为侵犯公民肖像权的行为。本案中，朱某未经顾客许可，即拍摄并制作顾客喝酒的视频为自己经销的白酒做广告，无疑是侵犯公民肖像权的行为。

资料来源：佚名. 手机"随手拍"当心侵权！[EB/OL]. [2015-01-22]. http：//www.fzshb.cn/2015/ya_0122/8983.html. （本文有改动）

五、 名誉权

名誉权是指公民或法人享有的就其自身特性所表现出来的社会价值而获得社会公正评价的权利。名誉权受到侵害的公民和法人，有权要求停止侵害、恢复名誉、消除影响、赔礼道歉及赔偿损失。公民因名誉权受到损害的还可要求精神损害赔偿。

六、 隐私权

隐私权是指公民个人私事、个人信息等个人生活领域内的事情不为他人知悉、禁止他人干涉的权利。任何组织和个人需要获取他人个人信息的，应当依法取得并确保信息安全，不得非法收集、使用、加工、传输他人个人信息，不得非法买卖、提供或者公开他人的个人信息。侵害公民隐私权的，行为人应当停止侵害、赔礼道歉及赔偿损失。

以案学法

李某见在自家门口玩耍的女孩长相有些特殊，遂用相机拍下了8张照片，并以"天下第一丑女"为题，放在自己的微博上，同时公布的还有拍摄的时间与地点，导致女孩被人当作"怪物"。

学法：

《最高人民法院关于贯彻执行〈中华人民共和国民法通则〉若干问题的意见（试行）》第一百四十条规定："以书面、口头等形式宣扬他人的隐私，或者捏造事实公然丑化他人人格，以及用侮辱、诽谤等方式损害他人名誉，造成一定影响的，应当认定为侵害公民名誉权的行为。"本案李某在其微博公布女孩照片和住址的行为，属于未经对方许可而宣扬他人隐私，明显属于侵犯公民隐私权的行为。

资料来源：佚名．手机"随手拍"当心侵权！［EB/OL］．［2015-01-22］．http：//www.fzshb.cn/2015/ya_0122/8983.html.（本文有改动）

七、　荣誉权

荣誉权指公民、法人就国家机关或有关组织授予的荣誉称号或嘉奖获得利益而不受他人非法剥夺的权利。荣誉权是一种身份权，是民事主体获得、保持、利用荣誉，并享受其利益的权利。荣誉权的具体内容包括以下几方面：荣誉保持权，是指荣誉权人对获得的荣誉保持归己享有的权利；精神利益支配权，是指荣誉权人对其获得荣誉中精神利益的自主支配权；物质利益获得权，是指荣誉权人对随附于荣誉的物质利益所享有的法定取得权；物质利益支配权，是指荣誉权人对于已经获得的物质利益享有支配权。

八、　婚姻自主权

婚姻自主权指公民自主决定自己的婚姻状况，不受他人非法干涉的权利。一切干涉婚姻自由的行为，不论采取什么形式，也不论与当事人的关系如何，不论是他们的父母子女，兄弟姐妹或别的亲属以及其他任何人，都是侵害婚姻自主权的行为，当事人有权请求法律保护。

我国《民法总则》第一百八十五条规定，侵害英雄烈士等的姓名、肖像、名誉、荣誉，损害社会公共利益的，应当承担民事责任。

以案学法

为了加强对英雄烈士的保护，维护社会公共利益，《中华人民共和国英雄烈士保护法》（以下简称《英雄烈士保护法》）于 2018 年 5 月 1 日起施行，该法规定，检察机关依法对侵害英雄烈士的姓名、肖像、名誉、荣誉，损害社会公共利益的行为向人民法院提起诉讼。法律赋予检察机关提起公益诉讼的职权，对于保护英雄形象，传承和弘扬英雄烈士精神、爱国主义精神，有着重要意义。

董存瑞是张家口市怀来县人，更是全国家喻户晓的战斗英雄。1948 年 5 月 25 日，在解放隆化县的战斗中，危急时刻董存瑞英勇舍身炸碉堡，为解放隆化献出了年轻的生命。1950 年 9 月，全国战斗英雄、劳动模范代表会议决定追认董存瑞为全国战斗英雄。

近年来，互联网上恶搞、恶毒攻击、诋毁、丑化战斗英雄董存瑞的光辉形象以及歪曲、编造历史事实的现象时有发生。现《英雄烈士保护法》已正式实施，但在互联网上侮辱、诽谤、亵渎战斗英雄董存瑞的发帖、信息依然大量存在，并没有停止传播。

2018 年 5 月 1 日，怀来县人民检察院在《英雄烈士保护法》实施当日开展专项行动。检察干警兵分两路，一路对县内烈士陵园、董存瑞纪念馆进行了检查，发现烈士陵园并没有向社会公众开放；另一路对网络中诋毁、歪曲、丑化、亵渎董存瑞英雄形象的相关信息进行搜索，梳理排查，发现网站中依然存有大量诋毁董存瑞英雄形象的信息。

根据《英雄烈士保护法》的规定，英雄烈士纪念设施应当免费向社会开放，供公众瞻仰、悼念英雄烈士，开展纪念教育活动，告慰先烈英灵。任何组织和个人不得在公共场所、互联网或者利用广播电视、电影、出版物等，以侮辱、诽谤或者其他方式侵害英雄烈士的姓名、肖像、名誉、荣誉。2018 年 5 月 2 日，怀来县检察院依法通过公益诉讼的诉前程序分别向怀来县民政局、公安局发出检察建议，要求民政局开放烈士陵园，供公众瞻仰、悼念；同时，要求公安局会同相关部门删除诋毁、歪曲、丑化、亵渎董存瑞英雄形象的网络信息。

怀来县检察院在《英雄烈士保护法》正式实施后，及时向有关部门发出检察建议保护英雄烈士，不仅为检察机关拓展公益诉讼办案空间积累了实践经验，同时也为维护社会公共利益，传承和弘扬英雄烈士精神、爱国主义精神奠定了基础。

资料来源：佚名．［扫黑除恶］怀来县人民检察院办理《英雄烈士保护法》实施后全国首例公益诉讼案［EB/OL］．［2018-05-04］．https：//www.sohu.com/a/230433745_156710.（本文有改动）

第六节　民事责任

民事责任属于法律责任的一种，是保障民事权利和民事义务得以实现的重要措施，是民事主体因违反民事义务所应承担的民事法律后果，它主要是一种民事救济手段，旨在使受害人被侵犯的权益得以恢复。

一、民事责任的构成要件与承担方式

民事责任是对民事法律责任的简称，是指民事主体在民事活动中，因实施了民事违法行为，根据民法所承担的对其不利的民事法律后果或者基于法律特别规定而应承担的民事法律责任。

1. 一般民事责任的构成要件

① 损害事实的客观存在；② 行为的违法性；③ 违法行为与损害事实之间的因果关系；④ 行为人的过错。

知识链接

　　过错是指行为人在实施违法行为时所具备的心理状态，包括故意和过失两种基本形式。故意指行为人预见到自己行为的损害后果，却仍然希望或放任其发生。过失是指行为人对自己行为的后果应该预见或能够预见却未预见，或虽然预见却轻信损害后果不会发生。

　　2. 免除民事责任的条件

　　主要包括：① 不可抗力。不可抗力是指不能预见、不能避免且不能克服的客观情况。② 受害人的过错。③ 意外事件。④ 正当防卫。正当防卫超过必要的限度，造成不应有的损害的，正当防卫人应当承担适当的民事责任。⑤ 紧急避险。因紧急避险造成损害的，由引起险情的人承担民事责任。危险由自然原因引起的，紧急避险人不承担民事责任，可以给予适当补偿。紧急避险采取措施不当或者超过必要的限度，造成不应有的损害的，紧急避险人应当承担适当的民事责任。⑥ 紧急救助行为。因自愿实施紧急救助行为造成受助人损害的，救助人不承担民事责任。因保护他人民事权益使自己受到损害的，由侵权人承担民事责任，受益人可以给予适当补偿。没有侵权人、侵权人逃逸或者无力承担民事责任，受害人请求补偿的，受益人应当给予适当补偿。

以案学法

　　钱老太虽已年过七旬，但在生活中是个热心人。2016 年 9 月 21 日早上，钱老太在自家门口洗花生时，无意中抬头看到邻居施大妈在她宅前的一条小路上推着小车走。看到她满头大汗、十分吃力的样子，钱老太赶紧放下手中的活儿，走到车前想搭把手。没料刚下过雨，地上很滑，车子刚刚拉动，钱老太就摔了一跤，坐在地上不能动弹。施大妈马上放下了车，上前小心地把钱老太搀扶起来并把她送到家里，看到她暂无大碍就先离开了。然而不久，钱老太发现自己的膝关节内侧开始疼痛，到后来发展到下不了床。第二天早上，施大妈得知消息后，赶来和钱老太的女儿一起把她送到了乡医院。因伤情严重，不久钱老太就转至市人民医院治疗，后又转至上海一家医院治疗，共花去医疗费 2.8 万元。钱老太的女儿要求施大妈承担医疗费。施大妈称，钱老太的摔倒与她的推车行为之间没有任何关联。钱老太的女儿以钱老太的名义，将施大妈诉至法院，请求判令被告先行赔偿原告医疗费用 2.8 万元。

法院审理认为，钱老太是在帮施大妈拉车的过程中因疏忽而致伤，双方均无过错，但鉴于原告遭受较大经济损失，本案应适用公平原则，由被告给予适当补偿。

学法：

《最高人民法院关于审理人身损害赔偿案件适用法律若干问题的解释》第十四条第一款规定，帮工人因帮工活动遭受人身损害的，被帮工人应承担赔偿责任。被帮工人明确拒绝帮工的，不承担赔偿责任，但可以在受益范围内予以适当补偿。本案中，原告系在帮忙的过程中倒地受伤的这一事实可以确定，法院酌情确定适用公平原则，由被告给予适当补偿于法有据。义务帮工人的帮工活动是无偿的，但作为受益人的被帮工人在帮工过程中，有义务对帮工活动进行必要的业务指导，并采取必要的安全防范措施。如觉得义务帮工人不适合从事帮工活动，则要明确加以拒绝，否则一旦发生人身损害或财产损害事故，被帮工人将会承担相应的责任。

资料来源：陈凯健，古林. 好心帮工意外受伤 谁来买单：法院适用公平原则判决被帮工人适当补偿［N］. 人民法院报，2017-09-28.

3. 承担责任方式的选择

因当事人一方的违约行为，损害对方人身权益、财产权益的，受损害方有权选择请求其承担违约责任或者侵权责任。

民事主体因同一行为应当承担民事责任、行政责任和刑事责任的，承担行政责任或者刑事责任不影响承担民事责任；民事主体的财产不足以支付的，优先用于承担民事责任。

4. 承担民事责任的方式

承担民事责任的方式主要有：① 停止侵害；② 排除妨碍；③ 消除危险；④ 返还财产；⑤ 恢复原状；⑥ 修理、重做、更换；⑦ 继续履行；⑧ 赔偿损失；⑨ 支付违约金；⑩ 消除影响、恢复名誉；⑪ 赔礼道歉。法律规定惩罚性赔偿的，依照其规定。承担民事责任的方式，可以单独适用，也可以合并适用。

以案学法

在民间私自组织的拳击比赛中，当事人订立的"生死协议"是否具有法律效力？

学法：

生死协议要求受害人放弃向司法机关起诉的权利是无效的。诉讼权是国家赋予公民请求国家救济的权利，性质上属于公权利，而不是私权利。为防止强者欺凌弱者，逼迫受害人放弃诉讼权，从而逃脱法律制裁，国家法律不承认法院外放弃诉讼权的约定。即生死协议订立后，受害人反悔的，既可以提起民事诉讼，也可以进行刑事控告。

生死协议要求免除侵权人的民事责任的约定不受法律保护。虽然民事权利原则上允许放弃，但关于人身权利放弃的约定，并非都受法律保护。比如，出售自身人体器官的约定，不受法律保护。生死协议因涉及公民生命和健康，不允许自由约定，不受法律保护。

生死协议免除加害人刑事责任的约定不受法律保护。如造成轻伤，受害人依法仍可以自诉，唯在量刑时，酌量受害人过错，减轻加害人刑事责任。如造成重伤甚至死亡，追诉权在国家，不在个人，生死协议不影响国家追诉。

合法体育竞赛造成伤害的，视为意外事件，通常不负刑事责任。如在拳击、足球比赛中造成的伤害，通常作为意外事件，不追究刑事责任。如果确属故意伤害，另论。民事责任通常由保险解决。

资料来源：何兵．"生死协议"的法律效力［EB/OL］．［2017-05-03］．http：//www.sohu.com/a/138091768_164794.（本文有改动）

二、　侵权的民事责任

侵权的民事责任是指侵权行为人对其不法行为造成他人财产或人身权利损害所应承担的法律责任。

（一）一般侵权的民事责任

这是指行为人因过错而实施的、适用过错责任原则和侵权责任的一般构成要件的侵权行为的民事责任。现实生活中大多数侵权损害责任都是一般侵权的民事责任，一般侵权的民事责任由当事人对其提出的主张中须确认的事实依法负有提出证据的义务。

（二）特殊侵权的民事责任

这主要是指行为人承担民事责任的要件与一般侵权的民事责任要件不同，即行为人主观上无论是否有过错，只要有损害事实就需要承担民事责任，即适用举证责任倒置原则。除非行为人举证证明受害人有过错或证明其行为与损害结果之间没有因果关系。

知识链接

举证责任倒置，指基于法律规定，提出主张的一方当事人（一般是原告）就某种事由不负担举证责任，而由他方当事人（一般是被告）就某种事实存在或不存在承担举证责任，如果该方当事人不能就此举证证明，则推定原告的事实主张成立的一种举证责任分配制度。在证据规则中，"谁主张谁举证"是举证责任分配的一般原则，而"举证责任的倒置"则是这一原则的例外。

1. 特殊主体的民事责任

无民事行为能力人、限制民事行为能力人造成他人损害的，由监护人承担侵权责任。用人单位的工作人员因执行工作任务造成他人损害的，由用人单位承担侵权责任。网络用户、网络服务提供者利用网络侵害他人民事权益的，应当承担侵权责任。宾馆、商场、银行、车站、娱乐场所等公共场所的管理人或者群众性活动的组织者，未尽到安全保障义务，造成他人损害的，应当承担侵权责任。无民事行为能力人在幼儿园、学校或者其他教育机构学习、生活期间遭受人身损害的，幼儿园、学校或者其他教育机构应当承担责任，但能够证明尽到教育、管理职责的，不承担责任。

2. 产品责任

因产品存在缺陷造成他人损害的，生产者应当承担侵权责任；因销售者的过错使产品存在缺陷，造成他人损害的，销售者应当承担侵权责任；因运输者、仓储者等第三人的过错使产品存在缺陷，造成他人损害的，产品的生产者、销售者赔偿后，有权向第三人追偿。

3. 医疗损害责任

患者在诊疗活动中受到损害，医疗机构及其医务人员有过错的，由医疗机构承担赔偿责任。医务人员在诊疗活动中未尽到与当时的医疗水平相应的诊疗义务，造成患者损害的，医疗机构应当承担赔偿责任。

4. 环境污染责任

因污染环境造成损害的，污染者应当承担侵权责任。因污染环境发生纠纷，污染者应当就法律规定的不承担责任或者减轻责任的情形及其行为与损害之间不存在因果关系承担举证责任。

5. 高度危险责任

从事高度危险作业造成他人损害的，应当承担侵权责任。遗失、抛弃高度危险物造成他人损害的，由所有人承担侵权责任。所有人将高度危险物交由他人管理的，由管理人承担侵权责任；所有人有过错的，与管理人承担连带责任。

6. 饲养动物损害责任

饲养的动物造成他人损害的，动物饲养人或者管理人应当承担侵权责任，但能够证明损害是因被侵权人故意或者重大过失造成的，可以不承担责任或者减轻责任。

小胡今年 12 岁，一天放学后与同龄的同学小王在当地乡镇集市上闲逛，发现一只狗横卧在街边。小胡便对小王说："我们逗狗玩玩。"于是，两人从路边拾起砖头先后向狗砸去。狗被砸中后负痛向前冲。这时，有位 65 岁的老太太李某正在街上行走，狗冲过来时正好撞倒李某，李某被撞倒在地，造成腰部椎骨骨折，之后被及时送到医院，花去医药费、住院费、营养费、护理费等共计 2 万元。请问：本案中，李某的医药费等损失由谁承担？小胡与小王是否需要承担民事责任？狗的饲养人或管理人是否承担侵权责任？

学法：

根据《侵权责任法》第八十三条的规定，因第三人的过错致使动物造成他人损害的，被侵权人可以向动物饲养人或者管理人请求赔偿，也可以向第三人请求赔偿。动物饲养人或者管理人赔偿后，有权向第三人追偿。

本案中，李某的医药费等损失可以向狗的饲养人或者管理人请求赔偿，也可以向小胡和小王的监护人请求赔偿。案件中，未成年人小胡和小王用砖头砸狗的行为导致狗冲撞李某，这是引起李某伤害的主要原因，小胡和小王构成共同侵权行为，二人只有 12 岁，属未成年人，因此，应由其监护人承担共同侵权责任。从表面上看，本案是动物致人损害的侵权民事责任，但实质上是限制行为能力人的过错行为造成他人的损害，故最终应由限制行为能力人的监护人承担侵权的民事责任。如果李某向狗的饲养人或管理人请求赔偿，则其承担民事责任后有权向小胡和小王的监护人追偿。

7. 物件损害责任

建筑物、构筑物或者其他设施及其搁置物、悬挂物发生脱落、坠落造成他人损害，所有人、管理人或者使用人不能证明自己没有过错的，应当承担侵权责任。从建筑物中抛掷物品或者从建筑物上坠落的物品造成他人损害，难以确定具体侵权人的，除能够证明自己不是侵权人的外，由可能加害的建筑物使用人给予补偿。

三、 违约的民事责任

违约的民事责任又称违约责任，是指当事人违反合同义务而应承担的责任。合同生效以后将对当事人形成法律上的拘束力，当事人应当全面履行合同中约定的义务，否则将要承受对自己不利的法律后果，即违约责任。当事人一方不履行合同义务或者履行合同义务不符合约定的，应当承担继续履行、采取补救措施或者赔偿损失等违约责任。

1. 违约责任的构成要件

违约责任的构成要件分为一般构成要件和特殊构成要件。一般构成要件是指当事人承担任何形式的违约责任都必须具备的要件，即违约行为。特殊构成要件是指当事人承担特定形式的违约责任所应当具备的要件，如损害赔偿责任所要求的过错、违约行为、损害事实、违约行为与损害事实之间存在因果关系等要件。

2. 违约责任的承担方式

（1）继续履行，又称实际履行、强制实际履行。它是指一方当事人违反合同义务，另一方当事人有权要求其按照合同的规定予以履行。

（2）采取补救措施。当事人履行合同义务不符合约定的，对方当事人可以要求其根据履行的具体情况采取相应的补救措施。受损害方根据标的的性质以及损失的大小，可以合理选择要求对方承担修理、更换、重做、退货、减少价款或者报酬等违约责任。

（3）赔偿损失。赔偿损失的数额应相当于因违约所造成的损失，包括合同履行后可以获得的利益，但不得超过违反合同一方订立合同时预见到或者应当预见到的因违反合同可能造成的损失。

（4）支付违约金。违约金是当事人事先协商约定，当发生违约时，违约方向对方支付的一定数额的货币。违约金的数额还可以根据具体情况进行适当调整，约定的违约金低于造成的损失，当事人可以请求人民法院或者仲裁机构予以增加；约定的违约金过分高于造成的损失的，当事人可以请求人民法院或者仲裁机构予以适当减少。

案例导读评析

叶小某系限制民事行为能力人，可以进行与他年龄、智力相适应的民事活动，其到同村村民刘某的小店买冷饮的行为应予认同。事发当时，由于天黑，小店开着空调、开灯关门等客观原因，叶小某对小店玻璃门的状况疏于观察且跑向小店撞碎玻璃门造成伤害，其本人有一定的责任。叶某作为监护人在其子所实施的行为过程中，没能履行监护义务，致其子伤害也存在过错，故叶小某及其监护人应承担本案80%的责任。刘某经营的小店开设在居民区内从事营业活动，可以认定为公共场所。根据法律规定，刘某作为小店的管理者负有安全保障义务，因此，认定刘某作为公共场所的管理人未尽到安全保障义务，应当承担20%的赔偿责任。

思考与练习

1. 请你根据我国《农村土地承包法》的规定，以张某代理人的身份发表关于本案的处理意见。

张某系农村居民，2012 年 6 月在某市的市主城区内购得商品房一套，并于同年 9 月将全家户口一并转入某市，身份由农村居民变为城镇居民。而张某家的原农村承包地，也由张某以每年 3 000 元的工钱，雇请表哥李某代为耕种。其所在村村委会也一直知悉此事，而且由于本地外出务工人员较多、耕地荒芜现象较为严重，对张某雇人代耕承包的行为作为典型事迹予以表扬。2014 年 7 月，根据市区规划，张某家原承包土地由政府予以征收，土地补偿费用 2.5 万元交由村委会。村委会未将张某归入土地补偿费发放范围。张某诉至法院，请求判令村委会给付土地补偿款 2.5 万元。

2. 请根据我国《合同法》的规定，分析本案该如何处理。

某水泥制造公司为某建筑工程公司承包一项生产预制件任务。按合同的约定，应在 5 月交货，但到 10 月也未交货。某建筑工程公司因此停工待料，损失了 20 万元。而合同中所定的违约金仅为 5 万元。对于这一情况，某建筑工程公司可以要求某水泥制造公司承担怎样的民事责任？

3. 请根据你所学习的民法知识，思考借条的正确写法。

张某拿着一张由王某亲笔书写的"借条"到法院起诉，称王某在 2015 年 8 月借了自己 3 万元现金到期未还，请法院判决王某立即偿还借款本金及利息。王某辩称，自己并未借过张某的钱，张某诉称的 3 万元借款，实际上是双方生意往来上的货物欠款，并不是真正的现金借款。在举证期间，张某仅向法庭提交了一份借条，而没有提交其他能够印证借款事实的证据，同时王某又不认可借款事实。该案主审法官为进一步落实司法为民政策，让张某感受到法庭的公平公正，耐心细致地对张某释明了法律规定，张某也意识到了自己的诉讼风险，最终主动申请撤回了起诉。

第五章

婚姻、收养与继承

学习目标

1. 知道有关结婚、离婚、收养与继承的相关法律规定。
2. 准确掌握结婚、离婚、收养、继承的法定条件和程序。
3. 能运用婚姻、收养、继承的相关法律知识处理生活中简单的婚姻、收养和继承纠纷。

案例导读

　　2018 年，蔡某 29 岁，父亲去世后，他就来到县城生活。蔡某原来在农村按照乡里习俗与夏某举办了婚礼，没有登记结婚，两人一起生活了两年没有孩子。来县城做生意后，蔡某与一名幼儿园老师彭某相恋，前年两人登记结婚，婚后生有一个女儿才满 1 周岁。2017 年，蔡某在外地的姐姐回乡说要将父亲在老家的财产进行处理，蔡某和姐姐各继承了 3 万元的遗产。蔡某和彭某结婚后在城里买了一套 70 平方米的房子，房屋产权证上是蔡某的名字。由于两人感情不和，蔡某和彭某决定分开。

　　请思考：

　　蔡某和彭某的婚姻有没有法律效力？如果能离婚，房子和 3 万元的遗产属于谁？孩子应该怎么抚养？

这个实例涉及婚姻的效力、离婚夫妻财产分割和子女抚养等问题，认真学习我国《婚姻法》的相关规定以及本章内容，就能回答这些问题。

第一节　结婚与离婚

结婚和离婚都是法律行为，必须依照法律规定的条件和程序进行。凡是符合结婚条件的男女结合，法律赋予其婚姻的效力，双方依法具有夫妻间的权利和义务关系。如双方或一方要求解除婚姻关系，应按离婚处理。

一、结婚

结婚是男女双方依照法律规定的条件和程序确立夫妻关系的民事法律行为。只有符合法律规定的条件和程序，结婚行为才合法有效。

（一）结婚的条件

我国《婚姻法》规定的结婚条件，包括结婚的必备条件和结婚的禁止条件。

1. 结婚的必备条件

主要包括：① 男女双方完全自愿。② 达到法定的结婚年龄。我国《婚姻法》规定的结婚最低年龄是男不得早于二十二周岁，女不得早于二十周岁。法律鼓励晚婚，民族自治地方还可以根据民族的实际情况对法定的结婚年龄作变通规定。③ 必须符合一夫一妻制。法律禁止重婚，当事人一方或双方有配偶的，婚姻登记机关不予登记。

2. 结婚的禁止条件

主要包括：① 直系血亲和三代以内的旁系血亲禁止结婚。② 患有医学上认为不应当结婚的疾病的人禁止结婚。禁止结婚的疾病一般是指重症精神疾病和重大不治的传染性疾病或遗传性疾病。

知识链接

　　直系血亲，是指具有直接血缘关系的亲属，即生育自己和自己所生育的上下各代亲属。如父母与子女、祖父母与孙子女、外祖父母与外孙子女等。三代以内的旁系血亲，是指出自同一祖父母、外祖父母的旁系亲属。具体包括：① 同源于父母的兄弟姐妹；② 同源于祖父母、外祖父母的上下辈旁系亲属，包括伯、叔、姑与侄儿、侄女，舅、姨与外甥、外甥女；③ 同源于祖父母、外祖父母的平辈旁系亲属，包括堂兄弟姐妹、表兄弟姐妹。

（二）结婚的程序

　　结婚的程序，是指法律规定的缔结婚姻所必须履行的法定手续。在我国，结婚必须履行的法定程序是结婚登记，即要求结婚的男女双方必须亲自到婚姻登记机关进行结婚登记，取得结婚证，才能确立夫妻关系，受法律保护。只举行结婚仪式或同居生活却没有办理结婚登记的男女在法律上不能成立夫妻关系。

　　1. 结婚登记的机关

　　我国内地居民办理婚姻登记的机关是县级人民政府民政部门或者乡（镇）人民政府，省、自治区、直辖市人民政府可以按照便民原则确定农村居民办理婚姻登记的具体机关。当事人双方户口不在同一地区的，可到任何一方户口所在地的婚姻登记机关办理结婚登记。

　　2. 结婚登记的程序

　　结婚登记的程序分为申请、审查和登记三个环节。男女双方应当亲自到一方当事人常住户口所在地的婚姻登记机关申请办理结婚登记，结婚登记不能由他人代理。申请时，当事人应当向婚姻登记机关出具下列证件和证明材料：① 本人的户口簿、身份证；② 本人无配偶以及与对方当事人没有直系血亲和三代以内旁系血亲关系的签字声明。经婚姻登记机关依法审查核实，对符合结婚条件的，当场予以登记，发放结婚证。离过婚的当事人要求恢复夫妻关系的，也必须双方亲自到一方户口所在地的婚姻登记机关申请复婚登记。

知识链接

依据《婚姻登记条例》第六条的规定，办理结婚登记的当事人有下列情形之一的，婚姻登记机关不予登记：① 未到法定结婚年龄的；② 非双方自愿的；③ 一方或者双方已有配偶的；④ 属于直系血亲或者三代以内旁系血亲的；⑤ 患有医学上认为不应当结婚的疾病的。婚姻登记机关对当事人不符合结婚条件不予登记的，应当向当事人说明理由。

以案学法

李某与程某经媒人介绍相识，于 2007 年 5 月 1 日举办婚礼后便同居生活，生下一儿一女。为了生计，夫妻俩带着孩子在海口一家电子公司找到工作，并结识了来自河南省郸城县的工友卢某。卢某能说会道、善解人意，在长期的接触中，程某渐渐喜欢上了卢某，两人走到一起。2016 年春节前夕，他俩趁李某去商店采购年货之际，带着孩子去了卢某老家，程某与卢某在当地民政部门登记结婚。李某赶到卢某老家找到程某和一双儿女，可是妻子程某并无反悔之意，无奈之下，李某以卢某、程某涉嫌重婚罪向法院提起诉讼。

法院审理认为：李某与程某同居的时间是 2007 年 5 月 1 日以后，而依照我国法律，事实婚姻的界定时间是 1994 年 2 月 1 日，即在此之前未办理结婚登记而同居的可以界定为"事实婚姻"，应当受法律保护。李某与程某虽举行了婚礼并同居生活，但不在"事实婚姻"界定时间范围内，两人未登记领证，属非婚同居，不受法律保护，法院依法驳回原告李某的诉讼请求。

学法：

结婚作为男女双方的一种民事法律行为，必须严格按照法律规定进行。在我国，进行婚姻登记是结婚唯一的法定程序，符合法定结婚条件的男女，只有在办理结婚登记以后，其婚姻关系才具有法律效力，才会受到国家的承认和保护。我国《婚姻法》第八条规定，要求结婚的男女双方必须亲自到婚姻登记机关进行结婚登记。符合本法规定的，予以登记，发给结婚证。取得结婚证，即确立夫妻关系。

事实婚姻，指没有配偶的男女，未进行结婚登记，便以夫妻关系同居生活，群众也认为是夫妻关系的两性结合。事实婚姻的界定时间是男女双方的同居行为发生在 1994 年 2 月 1 日以前，1994 年 2 月 1 日以后的所有"事实婚姻"均不受法律保护。因此，李某与程某的关系属于非婚同居，不受法律保护，卢某与程某登记结婚也不涉嫌重婚罪。

资料来源：佚名．只办婚礼没登记"老婆"成了他人妻 同居 9 年也无效［EB/OL］．［2016-04-05］．http：//ah. ifeng. com/a/20160405/4426909_0. shtml？wratingModule＝1_21_63.（本文有改动）

（三）婚姻的效力

婚姻的效力是指男女因结婚而产生的法律后果，即夫妻之间的权利义务关系。符合结婚条件履行了结婚登记程序的婚姻为合法有效的婚姻，在当事人之间产生夫妻权利义务关系，包括夫妻人身关系和夫妻财产关系。

1. 夫妻人身关系的内容

主要包括：① 夫妻双方都有使用自己姓名的权利；② 夫妻双方都有参加生产、工作、学习和社会活动的自由；③ 夫妻双方都有平等的婚姻住所决定权和日常家事代理权；④ 夫妻间互相忠实的义务；⑤ 夫妻双方都有实行计划生育的义务。

2. 夫妻财产关系的内容

主要包括：① 夫妻双方对夫妻共同财产有平等处理权；② 夫妻之间有互相扶养的权利和义务；③ 夫妻双方有互相继承遗产的权利。

（四）无效婚姻与可撤销婚姻

1. 无效婚姻

无效婚姻是指因欠缺婚姻的成立条件而不具有法律效力的婚姻。我国《婚姻法》规定的无效婚姻的情形有四种：① 重婚的；② 有禁止结婚的亲属关系的；③ 婚前患有医学上认为不应当结婚的疾病，婚后尚未治愈的；④ 未到法定婚龄的。

在我国，确认婚姻无效只能通过诉讼程序解决，宣告婚姻无效的机关仅限于人民法院。婚姻无效的申请人包括婚姻当事人及利害关系人。申请宣告婚姻无效的，必须在法定事由消灭之前提出，法律规定的无效婚姻情形已经消失的，人民法院不予支持。比如，以重婚为理由申请宣告婚姻无效的，应该在重婚者的合法配偶死亡或双方离婚之前提出请求。

知识链接

申请婚姻无效的利害关系人包括：① 以重婚为由申请宣告婚姻无效的，为当事人的近亲属及基层组织；② 以未到法定婚龄为由申请宣告婚姻无效的，为未达法定婚龄者的近亲属；③ 以有禁止结婚的亲属关系为由申请宣告婚姻无效的，为当事人的近亲属；④ 以婚前患有医学上认为不应当结婚的疾病、婚后尚未治愈为由申请宣告婚姻无效的，为与患病者共同生活的近亲属。

无效婚姻一旦被法院宣告无效，婚姻自始不发生法律效力。当事人之间不产生夫妻之间的权利义务关系。当事人同居期间所得的财产，由当事人协议处理；协议不成的，由法院根据照顾无过错方的原则判决。当事人所生的子女与婚生子女享有同等的权利。

 **以案学法**

2010 年，家住浙江省万花镇的小伙子小张与湖南怀化姑娘小马在上海打工时相识、相恋，不久就同居在一起。2011 年 5 月，小马发现自己怀孕了，小张带着小马回家乡结婚。因当时小马才 17 岁，为了领结婚证，小马办了一张假身份证。2011 年 7 月，两人登记结婚。2012 年 1 月，孩子出生。婚后，小马沉迷于赌博，也不怎么管孩子，两人为此经常争吵，感情慢慢变淡。之后，小张独自一人去上海打工，夫妻关系名存实亡。2015 年 5 月 18 日，小张向法院提起诉讼，以两人结婚时小马不到结婚年龄且用的是假身份证登记为由，要求宣告两人婚姻无效。

法院审理认为：小张与小马登记结婚时，小马使用的是假身份证，年龄只有 17 岁，未达法定年龄，存在无效婚姻的情形，结婚登记存在瑕疵。但在小张起诉时，小马已达到法定结婚年龄，小张起诉的无效婚姻的法定情形已经消失，法院判决驳回小张的诉讼请求。

学法：

本案小张与小马的婚姻有效。根据《婚姻法》第十条的规定，重婚的、有禁止结婚的亲属关系的、婚前患有医学上认为不应当结婚的疾病且婚后尚未治愈的、未达法定婚龄的属于无效婚姻。本案中，小张与小马在登记结婚时，小马未达法定结婚年龄，构成无效婚姻的法定理由。但在小张起诉时，小马已达到法定结婚年龄，无效婚姻的情形已经消失。《最高人民法院关于适用〈中华人民共和国婚姻法〉若干问题的解释（一）》第八条规定，当事人依据《婚姻法》第十条的规定向人民法院申请宣告婚姻无效的，申请时，法定的无效婚姻情形已经消失的，人民法院不予支持。

结婚登记程序上的瑕疵不影响婚姻的实质效力。本案当事人虽存在用假身份证办理结婚登记的情形，但起诉时双方当事人符合结婚的实质要件，也不存在《婚姻法》第十条规定的婚姻无效情形。因此，双方当事人的婚姻有效，双方如要解除婚姻关系只有通过离婚程序解决。

2. 可撤销婚姻

可撤销婚姻是指因胁迫结婚的，受胁迫的一方当事人可以向婚姻登记机关或人民法院请求撤销该婚姻。依据我国《婚姻法》第十一条的规定，有权提出撤销婚姻的申请人只能是因胁迫结婚的受胁迫人。受胁迫的一方撤销婚姻的请求，既可以向婚姻登记机关申请，也可以向法院提出请求，但必须自结婚登记之日起一年内提出。如果受胁迫的一方被非法限制了人身自由，当事人应当自恢复人身自由之日起一年内提出。超过这个法定期限没有提出撤销请求的，受胁迫方就失去了请求撤销婚姻的权利，其所缔结的婚姻为合法有效的婚姻。

可撤销婚姻在撤销之前，现存的婚姻具有法律效力；婚姻一旦被撤销，从当事人结婚之时起就不发生法律效力，当事人之间不具有夫妻之间的权利义务关系。

以案学法

姜某（男）与潘某（女）两人同村也是中学同学，2014年3月两人按照当地习俗订了婚。订婚后，姜某去广东打工。打工期间，潘某常去看望姜某，两人感情一直很好。2015年5月，潘某的父亲因盖房子欠邻村李某（男）高利贷无法偿还，李某提出可以把潘某嫁给他抵债。潘某不同意，父亲以死相逼，潘某不得已于2015年11月与李某办理了结婚登记手续。姜某得知消息，于同年12月回村，陪同潘某去当地婚姻登记机关申请宣布李某与潘某的婚姻无效，并要求确认自己与潘某的婚姻关系有效。请问：（1）姜某与潘某之间是否存在婚姻关系？（2）李某与潘某的婚姻关系应如何处理？

学法：

（1）姜某与潘某不存在婚姻关系。因为两人只是按照当地习俗订立了婚约，并未按我国《婚姻法》的规定办理结婚登记手续。按照我国《婚姻法》的规定，订婚不是结婚的必经程序，婚约不具有法律效力，订立婚约后对男女双方没有法律上的约束力。要求结婚的男女双方必须亲自到婚姻登记机关进行结婚登记，取得结婚证，才能确立夫妻关系，受法律保护。

（2）李某与潘某的婚姻应按可撤销的婚姻处理。可撤销婚姻，是指当事人因意思表示不真实而成立的婚姻。根据我国《婚姻法》的规定，结婚必须男女双方完全自愿。本案中，潘某与李某结婚并非出于自愿，是因李某逼债，潘父以死相逼而结婚的。我国《婚姻法》第十一条规定，因胁迫结婚的，受胁迫的一方可以向婚姻登记机关或人民法院请求撤销该婚姻。受胁迫的一方撤销婚姻的请求，应当自结婚登记之日起一年内提出。潘某可以向当地婚姻登记机关申请撤销该婚姻。

二、　我国现行夫妻财产制

我国实行法定财产制和约定财产制相结合的夫妻财产制。法定财产制包括婚后所得共同财产制和夫妻个人特有财产制。约定财产制优先于法定财产制，约定无效或没有约定时才适用法定财产制。

（一）婚后所得共同财产制

根据我国《婚姻法》第十七条的规定，夫妻双方在婚姻关系存续期间任何一方所得的下列财产，归夫妻共同所有：① 工资、奖金；② 生产、经营的收益；③ 知识产权的收益；④ 继承或赠与所得的财产，遗嘱或赠与合同中明确只归其中一方的财产除外；⑤ 其他应当归夫妻共同所有的财产。"其他应当归夫妻共同所有的财产"主要是指一方以个人财产投资取得的收益；男女双方实际取得或者应当取得的住房补贴、住房公积金；男女双方实际取得或者应当取得的养老保险金、破产安置补偿费等。

夫妻对共同所有的财产有平等的处理权。因日常生活需要而处理夫妻共同财产的，任何一方均有权决定。

（二）夫妻个人特有财产制

根据我国《婚姻法》第十八条的规定，属于夫妻一方的个人财产具体包括：① 一方的婚前财产；② 一方因身体受到伤害获得的医疗费、残疾人生活补助费等费用；③ 遗嘱或赠与合同中确定只归夫或妻一方的财产；④ 一方专用的生活用品；⑤ 其他应当归一方的财产，如军人的伤亡保险金、伤残补助金、医药生活补助费等。

夫或妻一方个人所有的财产不因婚姻关系的延续而转化为夫妻共同财产。

（三）约定财产制

根据我国《婚姻法》第十九条的规定，夫妻可以约定婚姻关系存续期间所得的财产以及婚前财产归各自所有、共同所有或部分各自所有、部分共同所有。夫妻对婚姻关系存续期间所得的财产以及婚前财产的约定，对双方具有约束力。夫妻对婚姻关系存续期间所得的财产约定归各自所有的，夫或妻一方对外所负的债务，第三人知道该约定的，以夫或妻一方所有的财产清偿。"第三人知道该约定的"由夫或妻一方负责举证证明。

财产约定应当采用书面形式，否则不能发生法律效力。夫妻对婚姻关系存续期间所得的财产约定不明确的，视为夫妻共同财产。

以案学法

2015 年 1 月，王某向同学李某借款 20 万元用以生意周转，约定一年后归还。因生意亏本，王某的借款一直未归还。2017 年 1 月，李某找到王某的妻子陈某要求其还款，陈某称王某所欠债务与她无关，他们夫妻之间有财产约定，各自债务归各自承担。无奈李某将王某、陈某诉至法院，要求偿还借款 20 万元及利息。法庭上，陈某出示了一份《夫妻财产约定协议书》，主要内容如下：从 2014 年 2 月 1 日起，双方按照下列方式实行夫妻财产个人所有制形式：① 各自名下发生的存款、债权以及其他一切个人收入均归个人所有，不作为夫妻共同财产；② 各自名下发生的债务归各自承担并归还。请问：王某与陈某之间的财产约定协议是否有效？对李某的债务应如何偿还？

学法：

王某与陈某之间的财产约定协议对王某、陈某有效。我国《婚姻法》第十九条规定，夫妻可以约定婚姻关系存续期间所得的财产以及婚前财产归各自所有、共同所有或部分各自所有、部分共同所有。约定应当采用书面形式。夫妻对婚姻关系存续期间所得的财产以及婚前财产的约定，对双方具有约束力。

王某与陈某之间的财产约定协议对李某无效。我国《婚姻法》第十九条规定，夫妻对婚姻关系存续期间所得的财产约定归各自所有的，夫或妻一方对外所负的债务，第三人知道该约定的，以夫或妻一方所有的财产清偿。即第三人与夫妻一方发生债权债务关系时，如果第三人知道其夫妻财产已经约定归各自所有，就以夫或妻一方的财产清偿；如第三人不知道该约定，则该约定对第三人不发生法律效力，夫或妻一方对第三人所负债务，按照在夫妻共同财产制下的清偿原则进行偿还。

本案中，虽然陈某与王某对其夫妻财产进行了约定，但作为债权人的李某并不知该约定的存在，陈某与王某也未出示任何证据证明债权人李某此前是知道该约定的，故该《夫妻财产约定协议书》对李某不发生法律效力。对李某的债务应由王某与陈某共同偿还。

三、离婚

离婚是指夫妻双方通过协议或诉讼的方式解除婚姻关系，终止夫妻间权利和义务的法律行为。离婚分为协议离婚和诉讼离婚两种方式。

（一）协议离婚

协议离婚，是指夫妻双方协商一致自愿解除婚姻关系的行为。男女双方自愿离婚的，必须双方亲自到一方户口所在地的婚姻登记机关申请离婚。办理离婚登记应出具下列证件和证明材料：① 本人的户口簿、身份证；② 本人的结婚证；③ 双方当事人共同签署的离婚协议书。婚姻登记机关查明双方确实是自愿离婚并对子女抚养和财产问题达成一致处理意见的，当场办理离婚登记并发给离婚证，当事人自拿到离婚证时起解除夫妻关系。当事人未达成离婚协议的，或者当事人双方（或一方）为无民事行为能力人或限制民事行为能力人的情况，都不允许协议离婚。

我国法律不承认口头离婚协议，协议离婚的双方当事人必须签订书面离婚协议。离婚协议生效的前提是双方到婚姻登记机关办理离婚登记。如果夫妻双方仅仅签订了离婚协议，而未办理离婚登记，婚姻关系不会自动解除，离婚协议也无效。即使一方向法院起诉离婚，夫妻双方原签订的离婚协议也不能作为法院裁判的依据。

以案学法

张某（男）和江某（女）2014 年 1 月登记结婚。婚后张某经营了一家养鸡场，生意不错，并在县城购置了两套房产，后因张某有婚外情，被江某发现后闹离婚，双方签订了一份离婚协议书：双方同意离婚，共同财产两套房屋归江某所有，张某另外补偿江某 50 万元。此后两人分居，双方并未持该协议向婚姻登记机关申请办理离婚登记手续。后张某反悔财产约定，江某向法院起诉要求离婚，并向法院提供上述离婚协议，要求按离婚协议分割财产。张某同意离婚，但不同意按照离婚协议分割财产。

法院审理认为：离婚协议只在当事人取得离婚证或离婚调解书时才生效，协议对财产分割的约定是以离婚为前提的。因此，法院认定离婚协议无效，对双方当事人没有约束力。江某提出按照离婚协议分割共同财产的要求，不予支持。最终，法院在判决张某与江某离婚的同时，对财产分割根据双方的实际情况作出了判决。

学法：

离婚协议书是夫妻双方解除夫妻关系，同时处理子女抚养和财产分割的协议。离婚协议生效的前提是双方到婚姻登记机关办理离婚登记。未办理离婚登记的，协议中的约定对双方没有约束力。实践中，离婚协议里对财产分割的约定往往是一方为了达到离婚目的而作出妥协的结果，不能当然适用于法院审理的离婚案件。因此，法院在判决当事人离婚的同时，会根据双方的实际情况和夫妻共同财产的状况对子女抚养和财产分割作出相应的判决。

（二）诉讼离婚

诉讼离婚，是指夫妻双方就是否离婚或者财产分割、子女抚养等问题无法达成一致意见，一方向人民法院起诉，由人民法院调解或判决解除婚姻关系的一种离婚制度。

1. 判决离婚的法定理由

我国《婚姻法》将法院判决离婚的法定理由明确界定为"夫妻感情确已破裂"，并对感情确已破裂的具体情形作了列举。我国《婚姻法》第三十二条规定，有下列情形之一，调解无效的，应准予离婚：① 重婚或有配偶者与他人同居的；② 实施家庭暴力或虐待、遗弃家庭成员的；③ 有赌博、吸毒等恶习屡教不改的；④ 因感情不和分居满2年的；⑤ 一方被宣告失踪，另一方提出离婚诉讼的；⑥ 其他导致夫妻感情破裂的情形。

2. 诉讼离婚中的特殊保护

我国《婚姻法》在离婚问题上对现役军人和女方给予特殊保护：① 现役军人的配偶要求离婚，须征得军人同意，但军人一方有重大过错的除外；② 女方在怀孕期间、分娩后1年内或终止妊娠后6个月内，男方不得提出离婚。在此期间女方可以提出离婚，人民法院认为确有必要时也可以视具体情况受理男方的离婚请求，如女方有重大过错或者确实存在双方不能继续共同生活的危险事由等。

（三）离婚时财产的处理

1. 共同财产的分割

（1）离婚时，夫妻的共同财产由双方协议处理；协议不成时，由人民法院根据财产的具体情况，按照照顾子女和女方权益的原则判决。离婚时，一方隐藏、转移、变卖、毁损夫妻共同财产，或伪造债务企图侵占另一方财产的，分割夫妻共同财产时，对隐藏、转移、变卖、毁损夫妻共同财产或伪造债务的一方，可以少分或不分。离婚后，另一方发现有上述行为的，可以向人民法院提起诉讼，请求再次分割夫妻共同财产。请求再次分割夫妻共同财产的诉讼时效为两年，从当事人发现该行为之次日起计算。

知识链接

诉讼时效是指民事权利受到侵害的权利人在法定的时效期间内不行使权利，当时效期间届满，人民法院对权利人的权利不再进行保护的制度。诉讼时效期间，是从权利人知道或应当知道其权利受到侵害之日起开始计算，即从权利人能行使请求权之日开始算起。诉讼要受诉讼时效的限制，起诉的时间超过一定的期间，在法院打官司就不会胜诉。

（2）农村夫妻离婚，家庭土地承包经营权的处理。农村地区，土地、果园大部分实行家庭联产承包责任制，每个家庭承包的面积是根据家庭人口按本村人均面积分配的，女方在土地承包上同样享有承包经营权，但是中国的婚姻习俗多数是女方落户到男方，承包土地多数以男方为户主名义承包。为了保障离婚妇女的承包经营权，以保障其最基本的生活来源和生存条件，我国《婚姻法》第三十九条规定，夫或妻在家庭土地承包经营中享有的权益等，应当依法予以保护。

应当注意的问题：① 在夫妻关系存续期间，以招标、拍卖、公开协商等方式承包的土地，即使是以夫或妻一方的名义签订合同，该土地承包经营权依然属于夫妻共同所有；② 如果夫或妻一方不知道或者因其他原因没有分割土地承包经营权的，其在两年的诉讼时效内，可以再次向人民法院单独提起分割夫妻财产的诉讼。

（3）农村夫妻离婚，房屋的处理。在农村，人们都是在宅基地上自建房，不存在按揭买房等商品房买卖情形。一旦夫妻离婚，房产的处理按照我国《婚姻法》的有关规定处理，即婚前财产个人所有，婚后财产夫妻共有。如果房子是男方婚前所建，在离婚时就归男方所有；如果房子是夫妻双方婚后共同所建，在离婚时应依法按婚后共同所有的财产进行分割；婚前一方建房，而建房所欠的债务是夫妻结婚后用婚后共同财产偿还的，房屋归婚前建房一方所有，得到房子的一方应当给另一方相应的补偿。由于农村房产与特定的宅基地使用权相联系，先要确认宅基地房屋是属于家庭共有还是夫妻共有。如果是家庭共有财产，应先进行分家析产，确定出属于夫妻共同所有的房产份额，再让离婚后离开家庭的一方获得与其房产份额相对应的金钱补偿。

2. 债务的清偿

离婚时，原为夫妻共同生活所负担的债务，应当共同偿还。共同财产不足清偿的，或财产约定归各自所有的，由双方协商清偿；协商不成的，由人民法院判决。离婚时有证据证明属于夫妻个人债务的，以一方个人财产清偿。

夫妻共同债务主要包括：① 夫妻为共同生活或为履行抚养、赡养义务等所欠债务；② 个体工商户、农村承包经营户夫妻双方共同经营所欠的债务以及一方从事经营、其收入主要用于家庭共同生活所欠的债务；③ 在婚姻关系存续期间，一方因家庭析产所分得的债务；④ 夫妻一方在分居期间为了生活或为尽法定的赡养、抚养义务，或为治疗疾病等而负的债务；⑤ 夫妻双方共同签字或者夫妻一方事后追认以及以其他共同意思表示形式所负的债务。

夫妻一方在婚姻关系存续期间以个人名义超出家庭日常生活需要所负的债务，债权人以属于夫妻共同债务为由主张权利的，人民法院不予支持，但债权人能够证明该债务用于夫妻共同生活、共同生产经营或者基于夫妻双方共同意思表示的除外。

个人债务主要包括：① 夫妻双方约定由个人负担的债务，但以逃避债务为目的的除外。② 一方未经对方同意，擅自资助与其没有抚养义务的亲朋所负的债务。③ 一方未经对方同意，独自筹资从事经营活动，其收入确实未用于共同生活所负的债务。④ 其他应由个人承担的债务。如夫妻一方赌博、吸毒、实施侵权行为所负的债务。

（四）离婚后子女的抚养

父母与子女间的关系，并不因父母离婚而消除。离婚后，父母双方对于子女仍有抚养和教育的权利和义务。

1. 抚养权

离婚后，哺乳期内的子女，以随哺乳的母亲抚养为原则。哺乳期后的子女，如双方因抚养问题发生争执不能达成协议时，由法院判决。父母双方对 10 周岁以上的未成年子女随父或随母生活发生争议的，应考虑子女本人的意见。

2. 抚育费

抚育费，包括未成年子女或不能独立生活的成年子女的生活费、教育费、医疗费等费用。离婚后，一方抚养的子女，另一方应负担必要的生活费和教育费的一部分或全部，负担费用的多少和期限的长短，由双方协议；协议不成时，由法院判决。子女在必要时有权向父母任何一方提出超过协议或判决原定数额的合理请求。子女抚育费的给付期限，一般至子女 18 周岁为止。

3. 探望权

探望权是指离婚后不直接抚养子女的一方依法享有的探视、看望子女的权利。

离婚后，不直接抚养子女的父亲或母亲，有探望子女的权利，另一方有协助的义务。行使探望权的方式、时间由当事人协议；协议不成时，由人民法院判决。探望权的行使必须有利于孩子的身心健康，否则，一方当事人可以向人民法院请求中止行使探望权。

以案学法

　　向某（男）和李某（女）于2010年5月结婚，2011年10月生有一男孩。结婚前，向某的父母买了一套160平方米的房子给两人婚后居住，房屋产权人登记为向某。结婚后不久，李某的父母赠与二人一套价值4万多元的家用电器。2012年年初，向某与其初恋女友王某相遇并交往密切，李某指责向某不应该这样做，向某很生气，很长时间不回家，并在外租房和王某住在一起，很少给李某和孩子生活费。李某无工作，孩子生病，生活困难，只能向朋友借款1万元用于日常生活和孩子看病。2013年3月，向某因交通事故受伤，获得医疗费等赔偿共计5万多元，向某康复出院后继续与王某同居。2013年5月，李某向当地法院起诉，要求与向某离婚并抚养孩子。向某不同意离婚。请问：（1）本案是否应该判决离婚？（2）如果法院判决准许离婚，孩子应该归谁抚养？向某、李某二人父母赠与的房屋、电器以及向某交通事故受伤所获赔偿金应该怎么分配？分居期间李某所借债务应如何偿还？（3）根据本案情况，如李某在离婚诉讼时要求损害赔偿，能否获得法院支持？

　　学法：

　　（1）本案应当判决离婚。根据我国《婚姻法》第三十二条的规定，人民法院审理离婚案件，如感情确已破裂，调解无效，应准予离婚。有配偶者与他人同居的属于认定为夫妻感情确已破裂的情形之一。本案向某与婚外异性王某长期租房同居，属于有配偶者与他人同居的情形，可认定为夫妻感情确已破裂，应准予离婚。

（2）如果法院判决准许离婚，孩子应该归李某抚养，向某负担抚育费。我国《婚姻法》第三十六条规定，离婚后，哺乳期内的子女，以随哺乳的母亲抚养为原则。第三十七条规定，离婚后，一方抚养的子女，另一方应负担必要的生活费和教育费的一部或全部。本案中，向某和李某的孩子不到2周岁，并且向某对孩子缺少关心和照顾，由女方李某直接抚养，更有利于孩子的健康成长。因此，如果法院判决李某和向某离婚，孩子应该归李某抚养，向某负担抚育费。

向某父母赠与的房屋归向某所有，是向某的个人财产。根据《最高人民法院关于适用〈中华人民共和国婚姻法〉若干问题的解释（二）》第二十二条的规定，当事人结婚前，父母为双方购置房屋出资的，该出资应当认定为对自己子女的个人赠与，但父母明确表示赠与双方的除外。本案向某的父母为向某结婚购房出资，并没有表示赠与向某、李某双方，应认定为是对向某个人的赠与，属于向某的婚前个人财产，归向某所有。

李某父母赠与的电器为夫妻共同财产。我国《婚姻法》第十七条规定，在婚姻关系存续期间继承或接受赠与所得的财产归夫妻共同所有。我国《婚姻法》第十八条规定，在遗嘱或赠与合同中确定只归夫或妻一方的财产是夫妻一方的个人财产。本案李某的父母所赠与的电器，是在李某婚后赠与的且未明确只赠与李某一个人，应视为是对夫妻双方的赠与，属夫妻共同财产，在离婚时应依法分割。

向某交通事故受伤所获赔偿金是向某的个人财产，归向某所有。我国《婚姻法》第十八条规定，婚姻关系存续期间，一方因身体受到伤害获得的医疗费、残疾人生活补助费等费用是夫妻一方的财产。本案中，向某所获赔偿金是身体受到损伤的赔偿，属向某个人财产。

分居期间，李某所借的1万元债务属于夫妻共同债务，是李某用于家庭日常生活所借，应当以夫妻共同财产偿还。

（3）如李某在离婚诉讼时要求损害赔偿，能获得法院的支持。我国《婚姻法》

第四十六条规定，有配偶者与他人同居导致离婚的，无过错方有权请求损害赔偿。本案向某与王某一直在外租房同居，属于有配偶者与他人同居的情形。无过错方李某提出离婚损害赔偿，法院应予支持。

第二节　收养

收养是指依照法律规定的条件和程序，将他人的子女作为自己的子女加以抚养，使原来无父母子女关系的当事人产生法律拟制的父母子女关系的法律行为。收养关系可以依法成立，也可以依法解除。收养必须符合一定的条件，履行法定的手续，才能合法有效，才能得到法律的确认和保护。

一、收养关系成立的条件

收养关系一般会涉及收养人、被收养人和送养人，三方当事人除了有成立收养关系的合意，还必须具备一定的条件，才能使收养关系的成立具有可能。我国《收养法》对收养人、被收养人、送养人进行收养活动的资格条件作出了明确规定。

（一）收养人条件

主要包括：① 无子女；② 有抚养教育被收养人的能力；③ 年满三十周岁；④ 未患有在医学上认为不应当收养子女的疾病；⑤ 收养人只能收养一名子女；⑥ 无配偶的男性收养女性的，收养人与被收养人的年龄应相差四十周岁以上；⑦ 有配偶者收养子女，须夫妻同意共同收养。

（二）被收养人条件

被收养人应为无法得到生父母抚养的不满十四周岁的未成年人，主要包括：① 丧失父母的孤儿；② 查找不到生父母的弃婴和儿童；③ 生父母有特殊困难无力抚养的子女。

（三）送养人条件

《中华人民共和国收养法》（以下简称《收养法》）规定，可以作为送养人的公民和社会组织有：① 孤儿的监护人；② 社会福利机构；③ 有特殊困难无力抚养子女的生父母，如因天灾、人祸或者经济状况等无法抚养子女的。

另外，我国《收养法》对一些特殊的收养关系在上述条件上作出了变通性规定，适当放宽了收养条件。

1. 亲属间收养三代以内同辈旁系血亲的子女

（1）被收养人可以不受不满十四周岁的限制。

（2）作为送养人的生父母即使没有抚养子女的特殊困难，也可以将子女送养。

（3）无配偶的男性收养三代以内同辈旁系血亲的女儿时，可以不受年龄相差四十周岁以上的限制。

（4）华侨收养三代以内同辈旁系血亲的子女，可以不受收养人无子女的限制。

2. 收养孤儿、残疾儿童或者收养查找不到生父母的弃婴、儿童的

（1）收养人可以不受必须无子女的限制。

（2）收养人可以不受收养一名子女的限制。

3. 继父（母）收养继子女的

（1）被收养人可以不受不满十四周岁的限制。

（2）生父（母）即使没有抚养子女的特殊困难，也可以将子女送养。

（3）收养人可以不受无子女及年满三十周岁的限制。

（4）收养人可以不受收养一名子女的限制。

二、 收养的程序

（一）收养登记

我国成立收养关系的法定程序是办理收养登记。收养关系当事人应当亲自到县级以上人民政府民政部门办理收养登记，收养关系自登记之日起成立。收养查

找不到生父母的弃婴和儿童的，办理登记的民政部门应当在办理登记前予以公告。

1. 收养人应当提交收养申请书和下列证件、证明材料

（1）收养人的居民户口簿和居民身份证。

（2）由收养人所在单位或者村民委员会、居民委员会出具的本人婚姻状况、有无子女和抚养教育被收养人的能力等情况的证明。

（3）县级以上医疗机构出具的未患有在医学上认为不应当收养子女的疾病的身体健康检查证明。

收养查找不到生父母的弃婴、儿童的，收养人应当提交经常居住地计划生育部门出具的收养人生育情况证明；其中，收养非社会福利机构抚养的查找不到生父母的弃婴、儿童的，收养人还应当提交下列证明材料：① 收养人经常居住地计划生育部门出具的收养人无子女的证明；② 公安机关出具的捡拾弃婴、儿童报案的证明。

收养继子女的，可以只提交居民户口簿、居民身份证和收养人与被收养人生父或者生母的结婚证明。

2. 送养人应当向收养登记机关提交下列证件和证明材料

（1）送养人的居民户口簿和居民身份证（由某组织作监护人的，应提交其负责人的身份证件）。

（2）我国《收养法》规定送养时应当征得其他有抚养义务的人同意的，应提交其他有抚养义务的人同意送养的书面意见。

社会福利机构为送养人的，应当提交弃婴、儿童进入社会福利机构的原始记录，公安机关出具的捡拾弃婴、儿童报案的证明，或者孤儿的生父母死亡或者宣告死亡的证明。

（二）收养协议与收养公证

收养关系当事人自愿订立收养协议的，可以订立收养协议。收养关系当事人

各方或者一方要求办理收养公证的，应当办理公证。

注意：订立收养协议和办理收养公证并不是成立收养关系的必经法律程序，办理公证的目的在于证明收养关系的合法性。如果没有办理收养登记，仅仅只订立了收养协议或者只就收养协议办理了公证，并不能证明收养关系已经依法成立。

 **以案学法**

丁某和王某是邻村人，后经人介绍恋爱，2010年1月登记结婚，婚后一直未生育子女。2014年7月，未经丁某同意，王某与其父母商量收养一名女婴，取名王小，并向民政局递交收养申请。因王某没有达到法定收养年龄，未能成功办理收养手续，王小一直由王某父母抚养。丁某、王某经常发生争吵，于2017年1月开始分居，双方感情破裂。同年8月，丁某向法院起诉离婚，王某同意离婚，要求丁某承担王小的抚养费。

法院认为：王某未办理收养登记，收养关系不成立，且王某收养王小没有经过丁某的同意。经法院调解，丁某和王某自愿达成由王某抚养王小，丁某不承担抚养费的协议。

学法：

收养子女必须符合法定条件，并按照法定程序进行。我国《收养法》第十条规定，有配偶者收养子女，须夫妻共同收养。第十五条规定，收养应当向县级以上人民政府民政部门登记。收养关系自登记之日起成立。本案当事人王某未办理收养登记手续，收养关系不成立。王某在未经丁某同意的情况下收养王小，不符合夫妻共同收养的条件，所以丁某无须承担王小的抚养费。

三、 收养的效力

依据我国《收养法》的规定，收养关系成立后，会产生以下法律效力。

1. 养父母与养子女间产生拟制直系血亲关系

自收养关系成立之日起，养父母与养子女间的权利义务，适用法律关于父母、子女关系的规定，即养父母有抚养、教育、保护养子女的权利与义务，养子女对养父母有赡养扶助的义务，养父母与养子女之间可以相互继承遗产等。

2. 养子女与养父母的近亲属间形成法律拟制的直系或者旁系血亲关系

养子女与养父母的近亲属间的权利义务关系，适用法律关于子女与父母的近亲属关系的法律规定，如养子女与养父母的父母产生祖孙之间的权利与义务。

3. 养子女与生父母以及其他近亲属间的权利义务关系消除

养子女与生父母及其他近亲属间的权利义务关系，因收养关系的成立而消除。如养子女与生父母的抚养、教育、赡养、继承等权利与义务在法律上一律终止。但是，养子女与生父母及其他近亲属之间客观存在的自然血亲之间的血缘关系不能消除，如三代旁系血亲之间禁止结婚同样适用。

4. 关于养子女的姓氏

养子女可以随养父或者养母的姓，经当事人协商一致，也可以保留原姓。法律不强制要求养子女必须改变姓氏，但现实生活中养子女随生父母姓的现象并不多见。

以案学法

张某的生父因意外死亡，母亲体弱多病，无力抚养3个子女。张某在其8岁时被伯父伯母收养。张某30岁时，养父母相继去世。第二年生母重病，张某找到生母并与她一同居住，这一期间，张某对生母尽了一定的赡养照顾义务，直至生母离世。随后，张某一直居住在生父母的住房里。张某的哥哥和姐姐要求张某搬出住房，在协商不成的情况下，张某的哥哥和姐姐以张某无继承权为由诉至法院，要求张某归还房屋。张某认为，他对养父母和生母都尽了扶养义务，有权继承养父母和生父母的遗产。

学法：

我国《收养法》规定，自收养关系成立之日起，养父母与养子女间的权利义务关系，适用法律关于父母子女关系的规定；养子女与生父母及其他近亲属间的权利义务关系，因收养关系的成立而消除。即收养关系一经成立，就会产生两个法律后果：一是确立了养子女与养父母之间的权利义务关系，二是消除了养子女与生父母之间的权利义务关系。在本案中，自收养登记之日起，张某与其生母的母子关系终止，丧失一切法律上的父母、子女之间的权利义务；同时，张某与伯父伯母之间产生父母、子女的权利义务关系。因此，张某的生母去世后，张某因与其不具有父母、子女关系不属于第一顺序继承人，不能继承生父母的遗产。而张某与其伯父伯母属于父母、子女关系，是伯父伯母的第一顺序继承人，可以继承伯父伯母的遗产。

张某不能继承生父母的遗产，但根据本案的具体情况，张某可以适当分得生父母的遗产。我国《继承法》第十四条规定，对继承人以外的依靠被继承人扶养的缺乏劳动能力又没有生活来源的人，或者继承人以外的对被继承人扶养较多的人，可以分给他们适当的遗产。张某对生母尽了一定的赡养照顾义务，属于"继承人以外的对被继承人扶养较多的人"的情形，所以，张某并非依据父母、子女关系，而是按照上述《继承法》的规定，可以适当分得生父母的遗产，享有对该房屋适当的份额。

四、 收养关系的解除

收养关系是一种法律拟制的亲属关系，既可以依法成立，也可以通过法律程序解除。

（一）解除收养关系的条件

我国《收养法》规定，在养子女成年之前一般不得解除收养关系。但出现下列情形之一的，可以依法解除收养关系：① 养父母与成年养子女关系恶化，无法共同生活的；② 收养人不履行抚养义务，有虐待、遗弃等侵害未成年子女合法权益行为的；③ 养子女成年后，虐待、遗弃养父母的。

（二）解除收养关系的程序

1. 协议解除收养关系

协议解除收养关系有两种情形：① 在养子女成年之前，收养人与送养人可以协议解除收养关系，但年满十周岁以上的养子女，应当征得其本人的同意；② 在养子女成年后，收养人与成年的被收养人可以协议解除收养关系。

协议双方应当持居民户口簿、居民身份证、收养登记证和解除收养关系的书面协议，共同到县级以上民政部门办理解除收养关系的登记，取得解除收养关系证明，收养关系即解除。当事人之间只达成了书面解除收养关系的协议，没有去民政部门办理解除收养关系登记的，从法律上来讲，双方的收养关系依然存在。

2. 诉讼解除收养关系

一方要求解除收养关系，另一方不同意的，可向人民法院起诉解除收养关系，由人民法院调解或判决。收养关系自准予解除收养的调解书或判决书生效之日起解除。

（三）解除收养关系的法律后果

（1）收养关系解除后，养子女与养父母及其他近亲属间的权利义务关系即行消除。

（2）未成年的养子女与生父母及其他近亲属的权利义务关系自行恢复，但成年养子女与生父母及其他近亲属间的权利义务关系是否恢复，可以协商确定。

（3）由养父母抚养成人的养子女，对缺乏劳动能力且缺乏生活来源的养父母，应当给付生活费。

（4）因养子女成年后虐待、遗弃养父母而解除收养关系的，养父母有权要求养子女补偿收养期间支出的生活费和教育费。

（5）生父母要求解除收养关系的，养父母可以要求生父母适当补偿收养期间支出的生活费和教育费，但因养父母虐待、遗弃养子女而导致解除收养关系的除外。

以案学法

　　夏某与妻子在20年前收养了一个女儿，在当地县级民政部门办理了收养登记，并且在公证处进行了公证。现在养女已成年，但是，他们与养女在共同生活期间经常因为生活琐事发生矛盾，导致关系越来越僵，于是，夏某决定签订协议解除收养关系。现在夏某和妻子年岁已大，没有了劳动能力。他想咨询：现在他们夫妻与养女解除了收养关系，他能否要求养女补偿收养期间的生活费和教育费？

　　学法：

　　夏某夫妻与养女并没有解除收养关系。我国《收养法》第二十八条规定，当事人协议解除收养关系的，应当到民政部门办理解除收养关系的登记。本案中，夏某夫妻与养女在20年前办理收养登记时，养父母与养子女的关系已经成立，现在虽然签订了解除收养关系的协议，但双方未到民政部门办理解除收养关系的登记，因此，夏某夫妻与养女的收养关系并没有实际解除。

　　如果双方解除了收养关系，夏某可以向养女主张赡养费，但不能要求养女补偿收养期间的生活费和教育费。我国《收养法》第三十条规定，收养关系解除后，经养父母抚养的成年养子女，对缺乏劳动能力又缺乏生活来源的养父母，应当给付生活费。因养子女成年后虐待、遗弃养父母而解除收养关系的，养父母可以要求养子女补偿收养期间支出的生活费和教育费。在本案中，如果夏某夫妻与养女双方到民政部门进行了解除收养关系的登记，夏某夫妻缺乏劳动能力又无生活来源，则可以向养女主张赡养费。但是，养女并没有虐待或者遗弃夏某夫妻的法定情形，所以要求养女补偿收养期间的生活费和教育费得不到法律支持。

第三节 继承

继承可分为法定继承与遗嘱继承，遗嘱继承优先于法定继承，只有在被继承人没有合法遗嘱的情况下，才按照法定继承的方式进行继承。

一、 继承与继承权

（一）继承

继承是指自然人死亡时，由法律规定的一定范围内的人或遗嘱指定的人依法取得死者遗留的个人合法财产的法律制度。

我国《继承法》规定，继承从被继承人死亡时开始。公民死亡，分为自然死亡和宣告死亡两种情形。自然死亡的，应以医疗单位或公安机关开出的死亡证明书上确定的时间为准；宣告死亡的，以人民法院判决书中确定的死亡时间为继承开始的时间。如果相互有继承关系的几个人在同一事件中死亡，并且不能确定死亡先后时间的，推定没有继承人的先死亡。死亡人各自都有继承人的，如几个死亡人辈分不同，推定长辈先死亡；几个死亡人辈分相同，推定同时死亡，彼此不发生继承，由他们各自的继承人分别继承。

（二）继承权

1. 继承权的取得

继承权是公民依法享有的继承被继承人遗产的权利。取得继承权的根据有两种：一是法律的直接规定。在我国，公民法定财产继承权是基于婚姻关系、血缘关系、扶养关系、赡养关系而取得，如夫妻间的继承权是基于男女两性结合的婚姻关系而取得；二是合法有效遗嘱的指定。遗嘱人可以在法定继承人范围内指定遗嘱继承人，遗嘱继承人依照遗嘱取得继承权。

2. 继承权的放弃

继承权的放弃，是继承人作出的放弃其继承被继承人遗产的意思表示。放弃继承权只能在继承开始后遗产分割前以明示的方式作出，一旦继承人作出放弃继承的意思表示即具有法律效力。遗产处理后，继承人对放弃继承反悔向法院起诉的，法院不予支持。

3. 继承权的丧失

继承权的丧失，是依照法律规定在发生法定事由时取消继承人继承被继承人遗产的权利。继承人有下列情形之一的丧失继承权：① 继承人故意杀害被继承人的；② 继承人为争夺遗产而杀害其他继承人的；③ 继承人遗弃被继承人的或虐待被继承人情节严重的；④ 继承人伪造、篡改或销毁遗嘱，情节严重的。

二、 遗产的范围

遗产是被继承人死亡时遗留的个人合法财产和法律规定可以继承的其他财产权益。

我国《继承法》规定，遗产包括：① 公民的合法收入，如工资、奖金、存款利息、从事合法经营的收入、继承或接受赠与所得的财产；② 公民的房屋、储蓄和生活用品；③ 公民的牲畜、家禽以及公民在宅基地上自种的树木和自留山上种的树木；④ 公民的文物、图书资料；⑤ 法律允许公民所有的生产资料，如农村承包专业户的拖拉机、加工机具等；⑥ 公民的著作权、专利权中的财产权利，如稿费、专利转让费和专利使用费等；⑦ 公民的其他合法财产，如国库券、债券、股票、离退休金、养老金等。

下列情形不属于遗产：① 与被继承人的人身密不可分的人身权，如公民的姓名权、名誉权、荣誉权、肖像权等；② 死亡赔偿金和死亡抚恤金；③ 被继承人生前只享有使用权而没有所有权的财产，如农民的宅基地、耕种的自留地、自留山等，农民只有使用权，而没有所有权，不得作为遗产处理；④ 指定了受益人的人身保险赔偿金；⑤ 共有财产中属于他人所有的财产部分，如夫妻共同财产，如果分割遗产，应当先将共同所有的财产的一半分出为配偶所有，剩余的才是被继承人的遗产。

三、法定继承

法定继承，是按照法律规定的继承人范围、继承顺序和遗产分配原则等进行遗产继承的法律制度。

（一）法定继承的顺序

继承开始后，法定继承人按法律规定的先后顺序继承遗产。在我国，法定继承有以下两个顺序。

第一顺序：配偶、子女、父母。"子女"，包括婚生子女、非婚生子女、养子女和有抚养关系的继子女。"父母"，包括生父母、养父母和有扶养关系的继父母。我国《继承法》第十二条规定，丧偶儿媳对公公、婆婆，丧偶女婿对岳父、岳母，尽了主要赡养义务的，可作为第一顺序继承人。

第二顺序：兄弟姐妹、祖父母、外祖父母。"兄弟姐妹"，包括同父母的兄弟姐妹、同父异母或者同母异父的兄弟姐妹、养兄弟姐妹、有扶养关系的继兄弟姐妹。

继承开始后，先由第一顺序继承人继承，第二顺序继承人不继承；没有第一顺序继承人继承的或者第一顺序继承人放弃继承的，由第二顺序继承人继承。同一顺序法定继承人继承遗产的份额，一般应当均等。

（二）代位继承

代位继承，是被继承人的子女先于被继承人死亡时，由被继承人子女的晚辈直系血亲代替被继承人子女继承被继承人遗产的法律制度。代位继承只适用于法定继承，不适用于遗嘱继承。代位继承人无论人数多少，原则上只能继承其父亲或者母亲有权继承的遗产份额。

以案学法

李老先生有一个儿子、两个女儿，儿子和儿媳在一次车祸中去世，留下孙子李三和孙女李四。因两个女儿均已嫁到外地，李老先生独自抚养孙子和孙女，照顾他们的生活。两个女儿也会定期回来看望他们爷仨。2017年6月，李老先生因突发心脏病去世，留下老房子6间。为继承房屋，两个姑姑与李三、李四发生争执。李三兄妹认为他们两人一直与爷爷一起生活，有权继承爷爷的房屋。李三的两个姑姑却说她们两个是第一顺序继承人，李三兄妹无权继承李老先生的遗产。李三为此来律师事务所咨询。

学法：

李三兄妹有权代位继承李老先生的遗产。代位继承是指被继承人的子女先于被继承人死亡时，由被继承人子女的晚辈直系血亲代替先死亡的长辈直系血亲继承被继承人的遗产的一项法定继承制度。《最高人民法院关于贯彻执行〈中华人民共和国继承法〉若干问题的意见》第二十五条规定，被继承人的孙子女、外孙子女、曾孙子女、外曾孙子女都可以代位继承，代位继承人不受辈数的限制。代位继承属法定继承，代位继承发生的条件只有一个，即被继承人的子女先于被继承人死亡。

本案中，李三的父亲先于李老先生死亡，那么李三、李四有权代其父亲继承李老先生的遗产。李老先生去世时没有留下遗嘱，他的遗产按照法定继承分配。两个女儿和儿子属于第一顺序继承人，可以继承遗产，但因儿子先于李老先生死亡，由孙子、孙女代为继承。按照我国《继承法》的规定，代位继承的份额只能以被代位继承人有权继承的遗产份额为限，不能按人数参与平分继承遗产。所以，李老先生去世时留下的6间房屋应该这样继承：两个女儿每人两间，李三、李四共两间。

四、　遗嘱继承

遗嘱继承，是按照立遗嘱人生前所立遗嘱的内容取得遗产的法律制度。适用遗嘱继承必须存在合法有效的遗嘱。

遗嘱合法应具备以下条件：① 立遗嘱人必须具有完全民事行为能力。18 周岁以上的精神状态正常的成年人，具有完全民事行为能力；16 周岁以上不满 18 周岁的公民，以自己的劳动收入为主要生活来源的，视为完全民事行为能力人。② 遗嘱的内容必须是立遗嘱人的真实意思表示。受胁迫、欺诈所立遗嘱以及被篡改、伪造的遗嘱无效。③ 遗嘱的内容不得违反法律规定。如遗嘱不得剥夺缺乏劳动能力又没有生活来源的继承人的继承权，必须为胎儿保留必要的遗产份额，否则，遗嘱无效。④ 遗嘱形式合法。遗嘱有多种形式，主要分为公证遗嘱、自书遗嘱、代书遗嘱、录音遗嘱和口头遗嘱。其中，代书遗嘱、录音遗嘱、口头遗嘱必须有两个以上没有利害关系的见证人在场见证才有效。口头遗嘱只能在危急情况下采用。

遗嘱继承在立遗嘱人死亡时才适用，遗嘱人在死亡前可以撤销、变更自己所立的遗嘱。如果立遗嘱人先后立了多份遗嘱，且数份遗嘱的内容相抵触的，应该以最后所立遗嘱的内容为准。其中有公证遗嘱的，以有公证的内容为准。

以案学法

张家村的张某夫妇有一儿一女，儿子大学毕业在外地工作成家，女儿嫁入了邻村，剩下老两口居住在张家村。2012 年 1 月，老伴儿不幸去世，剩下张老汉一个人。2014 年 2 月，张老汉儿子因车祸去世。2014 年 5 月，张老汉重病住院，一直由女儿照顾，张老汉的儿媳妇和孙女张梅梅只去医院看望了一次，张老汉心里很感激女儿，在病危之际口头留下遗嘱，指定自己在张家村的两层楼房共 6 间房产由女儿一人继承。当时在场的有女儿、女婿和一名护士。张老汉去世后，孙女张梅梅说自己也有权继承房产，与姑姑发生争执，诉讼到法院。

法院审理认为，本案的口头遗嘱无效，只能按照法定继承分割房产。张老汉的房屋属于夫妻两人共同财产，6间房屋在2012年老伴儿去世时，3间属于老伴儿的遗产，由张老汉、儿子和女儿每人继承一间。张老汉去世时，其中的4间房屋是遗产，孙女张梅梅可以代位继承，女儿和孙女每人继承2间。

学法：

本案中，张老汉留下的是口头遗嘱，口头遗嘱应当有两个以上无利害关系的见证人在场见证。就口头遗嘱的内容而言，女儿和女婿属于有利害关系的人，不能为见证人，所以当时只有护士一人在场见证，口头遗嘱无效，应按照法定继承分割房屋。继承在被继承人死亡后开始，2012年1月张老汉的老伴儿去世时，老伴儿的3间房屋就是遗产，配偶、子女是第一顺序继承人，张老汉、女儿、儿子都有权继承，同一顺序的继承人继承遗产的份额一般应当均等，张老汉、女儿、儿子各继承房屋一间。2014年5月张老汉去世，他的儿子先于张老汉死亡，张梅梅可以代位继承她父亲应继承的份额。张老汉的遗产是4间房屋，由女儿和孙女各继承2间。

我国《继承法》第二条规定，继承从被继承人死亡时开始。第十七条规定，遗嘱人在危急情况下，可以立口头遗嘱。口头遗嘱应当有两个以上见证人在场见证。第十一条规定，被继承人的子女先于被继承人死亡的，由被继承人的子女的晚辈直系血亲代位继承。代位继承人一般只能继承其父亲或者母亲有权继承的遗产份额。

五、农村"五保户"遗产的处理

农村"五保户"，是指农村中无劳动能力、无生活来源、无法定赡养扶养义务人或虽有法定赡养扶养义务人但无赡养扶养能力的老年人、残疾人和未成年人。

　　五保对象的确定：由本人申请或者由村民小组提名，经村民委员会审核，报乡镇政府批准，发给《五保供养证书》，凭证享受五保待遇。"五保户"的生活一般由集体供养，实行保吃、保穿、保住、保医、保葬。

　　"五保户"去世之后，遗产应该如何处理呢？按照现有相关法律的规定，农村"五保户"的遗产并不当然地归村委会所有，应按照以下原则进行处理：① 农村集体组织对"五保户"实行"五保"时，双方订有扶养协议的，按照扶养协议处理。② 农村集体组织与"五保户"未订立遗赠扶养协议，死者有遗嘱继承人或者法定继承人要求继承的，按照遗嘱继承或者法定继承处理，但集体组织有权要求扣回"五保"费用。③ "五保户"没有继承人或者继承人放弃或者丧失继承权的，如果其生前为农村集体组织的成员，遗产归集体组织所有；如果死者生前不是农村集体组织的成员，则遗产归国家所有。④ 对"五保户"生前有过一定扶助的人，可以在遗产分配中给予适当的照顾。⑤ 宅基地和自留地、自留山，属于农民集体所有，不在遗产继承范围内，"五保户"死亡后，应该归其所在集体的组织所有。

案例导读评析

　　蔡某与彭某的婚姻有效。尽管蔡某在乡下已经与夏某举办婚礼并共同生活两年，因为没有进行结婚登记，同居关系不受法律保护。蔡某与彭某登记结婚，双方符合结婚条件，婚姻合法有效。我国《婚姻法》第八条规定，要求结婚的男女双方必须亲自到婚姻登记机关进行结婚登记。符合本法规定的，予以登记，发给结婚证。取得结婚证，即确立夫妻关系。

　　房产是蔡某与彭某结婚后购买的，虽然房屋产权登记在蔡某名下，如果没有证据证明是个人财产出资，就应当认定是夫妻共同财产。认定房屋是否属于夫妻共同财产，并不是以房产证上记载的是双方姓名还是一方姓名为标准。婚后只要是用共同财产购买的房产，不论是登记在双方的名下还是丈夫或者妻子一方的名下，都属于夫妻双方的共同财产。依据我国《婚姻法》第十七条的规定，夫妻在婚姻关系存续期间所得的财产，归夫妻共同所有。共同财产一般是平均分割。

蔡某继承的 3 万元遗产属于蔡某的婚前财产，归蔡某个人所有。根据我国《继承法》第二条的规定，继承从被继承人死亡时开始。这就是说，蔡某的父亲在蔡某来县城之前就已经死亡，从蔡某父亲死亡时开始，蔡某已经取得了遗产的继承权利，只不过当时没有分割遗产。我国《婚姻法》第十七条规定，夫妻在婚姻关系存续期间所得的财产，归夫妻共同所有。这里讲的"所得"，是指对财产权利的取得，而不是对财产的实际占有。蔡某继承遗产的权利是发生在婚前，只是在婚后分割遗产才实际取得的，所以这 3 万元遗产是婚前财产，不属于夫妻共同财产。

孩子在哺乳期内原则上应由母亲彭某抚养，蔡某承担必要的抚育费。我国《婚姻法》第三十六条规定："离婚后，哺乳期内的子女，以随哺乳的母亲抚养为原则。"第三十七条规定："离婚后，一方抚养的子女，另一方应负担必要的生活费和教育费的一部分或全部，负担费用的多少和期限的长短，由双方协议；协议不成时，由人民法院判决。"

🔖 思考与练习

1. 请结合本章所学知识对李某的咨询做出解答。

万某与李某是夫妻，生有一儿一女。万某立遗嘱将一套 200 平方米的大房子和 30 万元的存款留给儿子，将一套 80 平方米的小房子留给女儿。万某死后，儿子拿着父亲的遗嘱要求母亲给 30 万元的存款，并将 200 平方米的房子过户到自己的名下。李某不同意儿子的要求，又不知道自己的做法是否合法，想咨询。

2. 以小组为单位组织案例讨论。

（1）蔡某（男）与李某（女）2005 年结婚，2007 年生一女孩取名蔡静。2009

年，蔡某到城里承包绿化工程，认识了赵某（女），很快两人发展为情人关系。2013年，蔡某为赵某花40万元购置一处房产，房产证在赵某名下。2014年，蔡某与赵某生一女孩取名蔡丽。2015年9月，蔡某患病身亡，留下遗书，表示要将个人财产30万元赠与赵某。李某清查蔡某的存款有150万元，还发现了蔡某为赵某花40万元购买的房产，同年10月，李某向法院起诉，要求赵某交出房产。赵某以自己和女儿蔡丽的名义反诉李某要求分割蔡某的遗产150万元。请问：李某的起诉是否能得到法院的支持？蔡某的遗产哪些人可以继承？

（2）姚某与李某于2005年1月登记结婚，双方属于再婚，婚后两人居住在姚某于2004年12月购买的两室一厅内。2005年9月，姚某的大女儿因病去世，留有遗嘱，指定将本市的一套价值30万元的60平方米的房子留给父亲。婚后，姚某忙于做生意，经常很晚才回家。李某认为姚某对自己极不关心，加上自己在美国工作的儿子想要她去照看孙子，于是在2008年11月向法院起诉离婚。她认为双方婚前没有互相了解，婚后缺乏互相关心，导致感情破裂，要求离婚并分割夫妻共同财产，包括婚后两人共同居住的房屋和姚某女儿留给他的住房。姚某同意离婚，但不同意分割房产。在离婚诉讼期间，李某的父亲去世，留下价值10万元的遗产，没有立下遗嘱，只有李某是唯一的法定继承人。请问：两人婚后共同居住的两室一厅能否作为共同财产分割？姚某女儿留给他的60平方米的房子能否作为共同财产分割？李某继承的10万元遗产是她的个人财产还是夫妻共同财产？

第六章

犯罪与刑罚

学习目标

1. 知道什么是犯罪以及犯罪构成的四个要件。

2. 知道我国刑罚的种类及相关内容。

3. 准确掌握正当防卫与紧急避险的构成条件，并能在实践中作出正确的分析判断。

4. 准确掌握我国量刑制度的基本内容。

5. 能运用刑法相关知识分析具体犯罪行为的定罪量刑。

案例导读

被告人王某的妻子曾在被害人倪某的工厂打工，因工厂效益不好关门，被害人立下欠条，欠王某妻子工资两万元，经索要一直未给付。后诉至法院，经法院判决，被害人应当给付工资款。判决生效后，仍未履行。

2017年9月9日晚上，经过事先商量后，王某和表兄弟刘某一起带着灌好的汽油来到倪某家。通过窗户将汽油倒入倪某室内后，用打火机将汽油点着。随后，两人一起骑电动车回家。经评估鉴定，被害人倪某家损失工厂生产的衣服及房屋合计人民币64 208元。经调解，两个被告人与被害人倪某就赔偿达成协议，扣除被害人倪某所欠工资款，另外损失由王某全部赔偿到位，两被告人均得到被害人的谅解。法院审理后，根据两被告人的犯罪事实和情节以及对社会的危害性等，人民法院以毁坏财物罪，判处两被告人王某、刘某有期徒刑一年六个月，缓刑两年。

资料来源：姜燕. 两男子索债不成竟放火毁坏财物领刑罚［EB/OL］.［2018-03-29］. https：//www. chinacourt. org/article/detail/2018/03/id/3252008. shtml.（本文有改动）

请思考：

王某、刘某的行为为什么构成毁坏财物罪？为什么法院可以这样量刑？

本案主要涉及具体犯罪行为的定罪量刑问题。认真学习我国《刑法》的相关规定以及本章内容，就能回答这些问题。

第一节　犯罪与犯罪构成

犯罪行为是具体的，不同的犯罪，其犯罪构成都是各不相同的。犯罪的概念是从总体上把犯罪行为与其他行为加以区分，而犯罪构成则表明成立犯罪需要具备哪些具体条件，是划清罪与非罪、此罪与彼罪的具体标准。

一、犯罪的概念及特征

犯罪是指违反《中华人民共和国刑法》（以下简称《刑法》），应受刑罚处罚的严重危害社会的行为。

我国《刑法》第十三条规定，一切危害国家主权、领土完整和安全、分裂国家、颠覆人民民主专政的政权和推翻社会主义制度，破坏社会秩序和经济秩序，侵犯国有财产或者劳动群众集体所有的财产，侵犯公民私人所有的财产，侵犯公民的人身权利、民主权利和其他权利，以及其他危害社会的行为，依照法律应当受刑罚处罚的，都是犯罪。但是情节显著轻微且危害不大的，不认为是犯罪。

根据我国《刑法》第十三条的规定，犯罪具有三个基本特征。

（一）严重社会危害性

行为具有严重社会危害性，是犯罪最本质的特征。某种行为构成犯罪是因为它危害了国家和人民的利益，对《刑法》所保护的社会关系造成了损害。某种行为虽然具有一定的社会危害性，但是情节显著轻微且危害不大的，刑法不认为是犯罪。只有当行为的社会危害性达到法律规定的严重程度才认为是犯罪。由此可见，没有社会危害性，就没有犯罪；社会危害性没有达到相当的程度，也不构成犯罪。

（二）刑事违法性

刑事违法性是犯罪的法律特征，犯罪行为必须是触犯刑法的行为。违法行为可以分为很多种，如民事违法行为、行政违法行为、刑事违法行为等，它们的共同特征是违反了法律规定，但违法并不都是犯罪，只有违反《刑法》规定的行为才构成犯罪，犯罪行为必须是《刑法》明文禁止的行为。

（三）应受刑罚惩罚性

应受刑罚惩罚性是犯罪的一个基本特征。犯罪不仅是具有严重社会危害性、触犯刑律的行为，而且是应受刑罚处罚的行为。任何违法行为，都要承担相应的法律后果。例如，民事违法行为要承担民事责任，如排除妨碍、返还财产、赔偿损失、支付违约金等。对于违反刑法的犯罪行为来说，则要承担刑罚处罚的法律后果。如果一个行为不应当受刑罚处罚，也就意味着它不构成犯罪。

注意：不应受惩罚和不需要受惩罚是两个不同的概念，应当加以区分。不应受惩罚，是指行为人的行为根本不构成犯罪，不存在应受惩罚的问题；而不需要受惩罚，是指行为人的行为已经构成了犯罪，本应惩罚，但考虑到一些具体情况，例如，犯罪情节轻微，或者有自首、重大立功等表现，从而免予刑事处罚。免予刑事处罚的行为还是犯罪，只是不予刑罚处罚。

犯罪的三个基本特征是任何犯罪都必然具备的，是司法实践中区分罪与非罪的总标准，是认定犯罪的法律根据。

二、　犯罪构成

犯罪构成，是指依照我国刑法规定，决定某一具体行为的社会危害性及其程度，为该行为构成犯罪所必需的一切客观和主观要件的有机统一。

我国刑法规定的任何一种犯罪都必须具备四个共同的构成要件：犯罪客体、犯罪客观方面、犯罪主体、犯罪主观方面。欠缺其中任何一个要件，都不构成犯罪。

（一）犯罪客体

犯罪客体是指我国刑法所保护的为犯罪行为所侵害的社会关系。没有犯罪客体就没有犯罪的存在，如故意杀人罪的犯罪客体是他人的生命权利、盗窃罪的犯罪客体是公私财物所有权。

知识链接

犯罪客体与犯罪对象的区别。犯罪客体不同于犯罪对象，犯罪对象是犯罪行为所直接作用的具体的人或物。如故意伤害罪，犯罪对象是具体的被害人，犯罪客体是公民的人身权利。两者的区别在于以下三个方面。

（1）犯罪客体决定犯罪性质，犯罪对象不能决定犯罪性质。同一犯罪对象在不同场合可能体现不同的社会关系，也就决定犯罪行为侵害不同场合的同样的物可能侵害的社会关系不同，构成的具体犯罪也就不同。比如，同样是对公共汽车进行破坏，甲破坏的是汽车制造厂正在修理中的公共汽车，乙破坏的是公交公司正在使用中的公共汽车，足以造成不特定多数人的伤亡和重大财产损失。甲构成故意毁坏财物罪，乙则构成破坏交通工具罪，它们的区别在于犯罪对象所体现的社会关系不同，即两者侵害的犯罪客体不同，甲的行为侵犯的客体是公共财产所有权，乙的行为侵犯的客体是公共安全。

（2）犯罪客体是任何犯罪构成的必备要件，犯罪对象只是某些犯罪构成的必备要件。比如，我国《刑法》第三百一十六条规定的脱逃罪、第三百二十二条规定的偷越国（边）境罪等都没有具体的犯罪对象，但都具备犯罪客体，因为这些行为都侵害了一定的社会关系。脱逃罪侵犯的客体是司法机关的正常管理秩序，偷越国（边）境罪侵犯的客体是国家对出入国（边）境的管理制度。

（3）任何犯罪的犯罪客体都必然会受到侵害，但犯罪对象不一定受到侵害。例如，盗窃罪，侵害的犯罪客体是他人的财产所有权，但对于盗窃罪的犯罪对象即盗走的钱和物来说，并没有受到损害。

（二）犯罪客观方面

犯罪客观方面，是指刑法规定的构成犯罪所必须具备的客观外在表现。客观方面的要件主要表现为危害行为、危害结果、危害行为与危害结果之间的因果关系，犯罪的特定时间、地点和方法（手段）几个方面。

1. 危害行为

危害行为是一切犯罪构成的必要条件，没有发生危害社会的行为，就不构成任何犯罪。我国刑法规定的危害社会的犯罪行为分为作为与不作为两种基本形式。作为，是指行为人用积极的行为实施的刑法禁止的危害社会的行为。我国刑法中绝大多数犯罪行为都是作为形式，如抢劫罪、诈骗罪、故意伤害罪等。不作为，是指行为人有义务实施且能够实施某种积极的行为而未实施，造成严重危害结果的行为，如遗弃罪、玩忽职守罪等。

🔘 **知识链接**

构成不作为犯罪的条件：① 行为人负有实施某种积极行为的特定义务。如执勤的消防队员有救火的义务、值班的医生有救护病人的义务、小学老师带学生外出春游时有保护学生生命安全的义务；② 行为人有履行特定义务的能力；③ 行为人不履行特定义务导致了严重危害后果的发生。

2. 危害结果

危害结果是指危害行为对犯罪客体所造成的损害。危害结果并不是一切犯罪的构成要件，当危害结果不是构成要件时，危害结果是否发生并不影响犯罪的成立。比如，只要实施了抢劫行为，即使没有抢到财物、没有造成被害人伤亡，仍然构成抢劫罪。

对于刑法上的过失犯罪而言，危害结果是否发生是区分罪与非罪的标准，如果行为没有造成法定的危害结果，犯罪就不成立。如过失致人死亡罪，客观上必须发生致他人死亡的实际后果，这是构成此罪的前提，否则不成立犯罪。

3. 危害行为与危害结果之间的因果关系

我国刑法上的因果关系，是指危害行为与危害结果之间的一种引起与被引起的客观的、内在的、自然的联系。当危害结果发生时，要使行为人对该结果负责任，就必须查明他所实施的行为与该结果之间具有因果关系。如果不能证明危害结果是由行为人的行为引起的，行为人就不需要对这个危害结果负刑事责任。

4. 犯罪的时间、地点和方法（手段）

犯罪的时间、地点和方法（手段），在一般情况下，对构成犯罪并没有什么影响。这些必要条件并不是每一个犯罪构成都必须具备的，只对于那些法律上有特别规定的犯罪，是否具有法律要求的时间、地点和方法（手段）才是区分罪与非罪的重要标准。例如，我国《刑法》第三百四十条规定的非法捕捞水产品罪，必须是在禁渔区、禁渔期或者使用禁用的工具、方法捕捞水产品，情节严重的行为才构成犯罪。在这里，特定的犯罪时间、地点和方法（手段）就是构成此罪的必要条件。

（三）犯罪主体

犯罪主体是指实施危害社会的行为依法应当负刑事责任的自然人和单位。每一种犯罪都必须有犯罪主体。我国刑法规定的犯罪主体分为自然人犯罪主体和单位犯罪主体。

1. 自然人犯罪主体

自然人犯罪主体是指达到刑事责任年龄、具备刑事责任能力的自然人。

（1）刑事责任年龄

刑事责任年龄，是指刑法规定的行为人对自己实施的刑法所禁止的危害社会行为负刑事责任必须达到的年龄。我国刑法将刑事责任年龄划分为三个阶段：① 完全不负刑事责任年龄阶段。不满十四周岁的人，无论实施何种危害社会的行为，都不负刑事责任。② 相对负刑事责任年龄阶段。已满十四周岁、不满十六周岁的人犯故意杀人、故意伤害致人重伤或者死亡、强奸、抢劫、贩卖毒品、放火、爆炸、投放危险物质的，应当负刑事责任。③ 完全负刑事责任年龄阶段。已满十六周岁的人犯罪，应当负刑事责任。

此外，我国刑法还规定，已满十四周岁不满十八周岁的未成年人犯罪，应当从轻或减轻处罚。因不满十六周岁不予刑事处罚的，责令其家长或者监护人加以管教；在必要的时候，也可以由政府收容教养。

（2）刑事责任能力

刑事责任能力是指行为人构成犯罪和承担刑事责任所必须具备的刑法意义上辨认和控制自己行为的能力。我国刑法规定，已满十六周岁，精神状况正常的人具有辨认和控制自己行为的能力，具备完全的刑事责任能力，应负刑事责任。由于疾病或者生理功能的缺陷等因素会影响行为人辨认和控制自己行为的能力，我国刑法对一些特殊情况下的刑事责任能力作出了明确规定：① 精神病人在不能辨认或者控制自己行为的时候造成危害结果，不负刑事责任；间歇性的精神病人在精神正常的时候犯罪，应当负刑事责任；尚未完全丧失或者控制自己行为的精神病人犯罪的，应当负刑事责任，但是可以从轻或者减轻处罚。② 醉酒的人犯罪，应当负刑事责任。③ 又聋又哑的人和盲人犯罪应当负刑事责任，但可以从轻、减轻或者免除处罚。

以案学法

2017 年 2 月 13 日，是张某 14 周岁的生日，中午张某约了几个同学在离家不远的餐馆一起喝酒庆祝生日，张某醉酒后在餐馆休息了几个小时。下午 5 点左右，张某回家经过一片菜地时，见同村的女同学胡某在地里摘菜，就走过去抱住胡某要猥亵她，胡某反抗并说要将此事告诉老师，张某随手拿起路边的一块石头将胡某砸晕，又用随身携带的小刀在胡某的胸部、腹部连刺 10 多刀，致胡某当场死亡。案件发生后，引起当地群众的极大愤慨，要求严惩凶手。请问：张某是否构成犯罪？应如何负刑事责任？

学法：

本案张某不构成犯罪，不负刑事责任。我国《刑法》第十七条规定，不满十四周岁属于完全不负刑事责任年龄阶段，所实施的一切危害社会的行为，一律不追究刑事责任。根据有关司法解释，刑事责任年龄是以周岁即实足年龄来计算的。周岁计算方法为：周岁一律按照公历的年、月、日计算；每满 12 个月即为满 1 周岁；满 1 周岁应以日计算，从生日的第 2 天起算。本案张某作案时正好是 14 岁生日当天，从生日的第二天零点起，才认为是已满周岁，所以张某作案时属于不满14 周岁，还属于完全不负刑事责任的年龄阶段，对张某的行为不能定罪。

2. 单位犯罪主体

单位犯罪是指公司、企业、事业单位、机关、团体实施的依法应当承担刑事责任的危害社会的行为。单位犯罪主体包括公司、企业、事业单位、机关、团体。单位不能成为所有犯罪的主体，只有在法律有明确规定的情形下，单位才能成为某个具体犯罪的犯罪主体。

我国刑法对单位犯罪的处罚以双罚制为主，对单位是判处罚金，对直接负责的主管人员和直接责任人员是判处刑罚。如我国《刑法》第一百三十七条规定，建设单位、设计单位、施工单位、工程监理单位违反国家规定，降低工程质量标准，造成重大安全事故的，对直接责任人员，处五年以下有期徒刑或者拘役，并处罚金；后果特别严重的，处五年以上十年以下有期徒刑，并处罚金。

（四）犯罪主观方面

犯罪主观方面，是指行为人对自己危害社会的行为及其危害社会的结果所持的故意或者过失的心理态度。如果行为在客观上造成了损害结果，但行为人主观上并不具备犯罪的故意或者过失，则不构成犯罪，属于意外事件。

1. 犯罪故意

犯罪故意是指行为人明知自己的行为会发生危害社会的结果，并且希望或者放任这种结果发生的主观心理态度。比如，张某的妻子有婚外情，张某非常气愤，于是在妻子的饭里下毒想毒死妻子，谁知妻子吃饭时把碗里的饭匀了一半给儿子。张某为了达到毒死妻子的目的，没有制止儿子吃有毒的饭，结果妻子和儿子都被毒死。在这个案例中，张某明知自己的投毒行为会发生妻子死亡的结果并且希望妻子死亡，为了达到毒死妻子的目的，放任儿子也被毒死的结果，是故意杀人罪。

2. 犯罪过失

犯罪过失是指行为人应当预见自己的行为可能发生危害社会的结果，因为疏忽大意而没有预见，或者已经预见而轻信能够避免，以致发生了危害社会结果的主观心理态度。例如，在给病人谢某注射青霉素的时候，因为病人较多，医院护士谭某疏忽大意忘了做皮试，导致谢某过敏死亡，是过失致人死亡罪。

以案学法

王某，男，42 岁，经营一家香肠店。刘某，男，48 岁，与王某是邻居，经常从墙缝处偷吃王某家的香肠而与王某结怨。王某曾多次劝说刘某不要再偷吃王某家的香肠，但刘某不听劝告。王某气急，2004 年 9 月 4 日买来毒药放入香肠中，挂在院内（刘某常偷香肠处），刘某不知情，再次偷吃后中毒而死。请从犯罪构成的四个要件的角度来分析王某的行为。

学法：

犯罪主体：王某 42 周岁，是完全负刑事责任年龄人，并且独立经营一家香肠店，说明精神正常，对自己的行为有辨认和控制能力，属于完全刑事责任能力人。犯罪客体：刘某的生命权应受刑法保护，王某用放了毒药的香肠将刘某毒死，侵犯了刘某的生命权，犯罪客体为刘某的生命安全，犯罪对象是刘某的身体。犯罪客观方面：王某将毒药放入香肠中，放到刘某经常偷吃香肠的位置，刘某由于食用了王某放毒药的香肠而死亡。刘某死亡的结果，是由王某投毒的行为造成的，王某投毒的行为与刘某死亡的结果之间有内在的必然联系，存在刑法上的因果关系。犯罪主观方面：王某因为刘某经常偷吃他家的香肠，对其劝阻无效而怨恨对方，具有犯罪动机。王某明知将毒药放入香肠中，刘某偷吃会发生毒死人的结果，他还把有毒的香肠挂在刘某经常偷吃的地方，主观上具有放任刘某被毒死的危害结果发生的故意。

王某的行为具有很明确的犯罪动机，主观上存在犯罪故意。他的行为与刘某的死亡结果之间有直接的因果关系，按照我国《刑法》犯罪构成的四个要件的规定，王某的行为构成故意杀人罪。

三、 正当防卫与紧急避险

（一）正当防卫

正当防卫是指为了使国家、公共利益、本人或者他人的人身、财产和其他权利免受正在进行的不法侵害，而对不法侵害人实施的制止其不法侵害且未明显超过必要限度的行为。正当防卫必须具备以下五个条件。

1. 起因条件：必须有不法侵害行为的发生

不法侵害是指对某种权利或利益的侵害是法律明文禁止的，不仅指犯罪行为，还包括其他违法行为。对合法行为不能实行正当防卫，如公安人员依法逮捕犯罪嫌疑人是合法行为，嫌疑人不得以任何借口实行所谓的"正当防卫"。

不法侵害必须是在客观上确实存在，而不是主观想象的或者推测的。如果行为人误以为存在不法侵害而实行防卫，属于"假想防卫"。假想防卫不是正当防卫，如果行为人主观上存在过失，则按过失犯罪处理。

2. 时间条件：不法侵害正在进行

不法侵害正在进行时，才能对合法权益造成威胁性和紧迫性，实施防卫行为才具有合法性。不法侵害尚未开始，或者已实施完毕，或者实施者确已自动停止了不法侵害，这时实行防卫的属于"防卫不适时"，构成犯罪的应当追究刑事责任。但在财产性犯罪中，即使侵害行为已经结束，如果采取正当防卫还能及时挽回损失的，可以实行正当防卫。例如，抢劫犯已抢到他人财物，抢劫行为已经完成，但是受害人仍然可以当场施以暴力夺回财物。

3. 主观条件：必须是为了使国家、公共利益，本人或者他人的人身、财产权利和其他权利免受不法侵害而实施

正当防卫要求防卫人主观上是出于保护合法权益的动机。防卫挑拨、相互斗殴等都不具备正当防卫的主观条件。为了侵害对方，故意挑逗他人向自己进攻，然后借口正当防卫加害对方，这是防卫挑拨。在相互斗殴中，双方都有侵害对方

身体的意图，一方先动手，后动手的一方实施的反击他人侵害行为的行为，不属于正当防卫。但在斗殴结束后，如果一方求饶或者逃走，另一方继续侵害，一方可以对另一方的不法侵害实行正当防卫。

4. 对象条件：必须针对不法侵害人本人实行防卫

正当防卫只能针对侵害人本人防卫，不能对没有实施不法侵害行为的第三者（包括不法侵害者的家属）实行防卫。

5. 限度条件：不能明显超过必要限度造成重大损害

防卫行为必须在必要、合理的限度内进行，"明显"超过必要限度且造成重大损害的，是防卫过当。防卫过当应负刑事责任，但应当减轻或者免除处罚。例如，张三欲猥亵李四，正好被李四的朋友王五看见，王五一拳将张三打倒在地，接着又用锤子将张三捶死。王五的行为就明显超过了正当防卫的必要限度，造成了重大损害，属于防卫过当，应负刑事责任。

依据我国《刑法》第二十条的规定，对正在进行行凶、杀人、抢劫、强奸、绑架以及其他严重危及人身安全的暴力犯罪而采取防卫行为，造成不法侵害人伤亡的，不属于防卫过当，仍然属于正当防卫，不负刑事责任。这是我国《刑法》针对严重危及人身安全的暴力犯罪规定的特别防卫权。

以案学法

张某是某乡乡长，利用手中的职权将高中毕业在家务农的女青年蒋某安排到乡政府做计划生育专干。2014 年 5 月 10 日，张某以工作加班为名找蒋某陪喝酒唱歌，并威胁蒋某与其发生了性关系。其后，张某又多次纠缠蒋某，慑于张某的淫威，两人保持不正当关系达两年之久。2017 年春节前，蒋某不愿同张某再保持这种不正当关系，辞职回家务农。蒋某回家后，张某又不断去蒋某家骚扰蒋某，都被其拒绝。2017 年 7 月 10 日中午，张某又到蒋某家，蒋某正在午睡，张某欲强行与蒋某发生性关系，蒋某坚决不肯，二人厮打起来。蒋父听见声音，来到女儿房间，见张某欲强暴女儿，顺手拿起旁边的铁棍，朝着张某的后背打去，张某被打晕在地。蒋父用绳子将张某捆住后，到派出所报案。蒋某很气愤几年以来自己受到的侮辱，拿起桌上的剪刀朝张某的阴部连扎数刀，导致张某重伤。请问：蒋某及蒋某父亲的行为是否属于正当防卫？

学法：

蒋某父亲的行为属于正当防卫，蒋某的行为不属于正当防卫，构成故意伤害罪。正当防卫，是指为了使国家、公共利益、自己或他人的人身、财产和其他权利免受正在进行的不法侵害而采取的制止不法侵害的行为。本案中，蒋某的父亲见张某欲强奸自己的女儿，为避免女儿受到正在进行的不法侵害，将张某当场打晕并捆绑起来以制止其不法行为，符合正当防卫的构成条件，蒋某父亲的行为属于正当防卫。在张某被打晕并被捆住以后，此时不法侵害已经结束，蒋某这时拿起桌上的剪刀朝张某的阴部连扎数刀的行为属于事后防卫，主观上是故意的，客观上造成张某重伤的危害结果。蒋某的行为符合故意伤害罪的主客观要件，构成故意伤害罪。

（二）紧急避险

紧急避险是指为了使公共利益、本人或者他人的人身和其他权利免受正在发生的危险，不得已而采取的损害另一较小的合法权益，以保护较大的合法权益免受损害的行为。

紧急避险行为是在两个合法权益发生冲突时，为了保护某种较大的权益，在没有其他办法的情况下，不得不损害另一较小的权益。紧急避险行为造成损失的不构成犯罪，行为人不负刑事责任。

紧急避险必须具备以下几个条件。

1. 避险意图

避险意图是保护合法权益免遭危险损害。为了保护非法利益，不允许实行紧急避险。例如，公安人员追捕逃犯时，逃犯侵入他人住宅躲避，不是紧急避险。

2. 避险损害的对象

紧急避险损害的对象是第三者的合法权益。损害的对象不同，是紧急避险与正当防卫的重要区别之一。紧急避险损害的对象是第三者的合法权益，而正当防卫损害的对象只能是不法侵害者。

3. 避险起因

之所以会避险，是确实存在现实的危险。一般来说，危险的来源主要有：人的违法行为；动物侵袭；自然灾害，如火灾、洪水、地震等。以上危险足以使国家、公共利益和其他合法权益遭到严重损害时，可以实行紧急避险。

4. 避险时间

避险时间，是指危险正在发生，对合法权益直接构成威胁的时候。对于尚未到来的或已经过去的危险，都不能实行紧急避险，否则就是"避险不适时"。例如，海上大风暴已过去，已经不存在对船舶航行的现实威胁，船长这时命令把船上一部分货物扔下海以保护船舶的安全，这就是避险不适时，由此造成的重大损失，船长应承担相应的民事责任或刑事责任。

5. 避险的可行性

紧急避险只有在不得已即没有其他方法可以避免危险的情况下实行。紧急避险是一种迫不得已的选择，在危险发生时，除了损害第三者的合法权益，不可能采取其他的方法使另一合法权益免遭损害时，才允许实施。

依据我国《刑法》第二十一条的规定，关于避免本人危险的规定，不适用于职务上、业务上负有特定责任的人。例如，发生火灾时接警去现场的消防员必须去救火，不能以避免自己被火烧伤而放任别人的房屋财产被火烧毁。

6. 避险限度

紧急避险行为不能超过必要限度，造成不应有的损害，即避险行为所引起的损害必须小于所保护的权益。

紧急避险行为超过必要限度造成不应有的损害的，是避险过当，应当负刑事责任，但应当减轻或者免除处罚。

（三）共同犯罪

1. 什么是共同犯罪

共同犯罪是指两人以上共同故意犯罪。成立共同犯罪，必须具备以下几个条件。

（1）共同犯罪的主体必须是两人以上。自然人犯罪主体必须是达到法定刑事责任年龄、具有刑事责任能力的人。多个自然人共同实施犯罪，如果只有其中一人具有刑事责任能力，不能构成共同犯罪。

（2）共同犯罪人主观上必须有共同的犯罪故意。各共同犯罪人通过意思联络，知道自己和其他人在共同实施犯罪，认识到他们的危害行为会产生危害社会的结果，都希望或者放任这种结果的发生。

（3）共同犯罪人在客观上必须有共同的犯罪行为。共同的犯罪行为，并不是说每个共同犯罪人的行为要完全一致，是指各个犯罪人的行为是为了同一目标或结果，彼此联系、互相配合，与犯罪结果之间都存在着因果关系。例如，张三与李四商量去某办公大楼盗窃电脑，张三入室盗窃，李四在外面放风，两人互相分工配合，构成盗窃罪的共同犯罪。

2. 共同犯罪人的种类及处罚

我国《刑法》根据共同犯罪人在共同犯罪中的地位、分工及所起的作用的不同，把共同犯罪人分为主犯、从犯、胁从犯、教唆犯四种。

（1）主犯是指组织、领导犯罪集团进行犯罪活动或者在共同犯罪中起主要作用的犯罪人。对犯罪集团的首要分子，按照集团所犯的全部罪行处罚。对于其他主犯，应按其所参与的或者组织指挥的全部犯罪处罚。

（2）从犯是指在共同犯罪中起次要或者辅助作用的犯罪人。对于从犯，应当从轻、减轻或者免除处罚。

（3）胁从犯是指被胁迫参加犯罪的犯罪分子。因其在共同犯罪中处于被动地位，罪行也比较轻，对于胁从犯，应当按照其犯罪情节减轻或者免除处罚。

（4）教唆犯是指故意唆使他人犯罪的犯罪分子。如果教唆不满十四周岁的人犯罪，或者教唆已满十四周岁不满十六周岁的人犯我国《刑法》第十七条第二款所规定的犯罪之外的犯罪的，以及教唆不具有刑事责任能力的精神病人犯罪的，不能成立共同犯罪，这些被教唆的人不负刑事责任，由教唆犯承担全部刑事责任。

对于教唆犯，应当按照其在共同犯罪中所起的作用处罚。教唆不满十八周岁的人犯罪的，应当从重处罚。如果被教唆的人没有犯被教唆的罪，对于教唆犯，可以从轻或者减轻处罚。

以案学法

甲乙二人由于上网缺钱，预谋抢劫。他们观察到丙是一单身女性，租住在某小区的一楼套房内，某日半夜，甲乙二人蒙面撬门进入丙家，丙被惊醒，大声呼叫，由甲强行将丙控制推入洗手间看管，乙到房内搜寻财物。甲在看管丙的过程中，顿生歹念，强奸了丙。请问：甲乙二人是否构成共同犯罪？

学法：

甲、乙的行为构成抢劫罪的共同犯罪，因为二人有抢劫的共同犯罪故意，并共同实施了抢劫的具体行为。但甲同时又单独构成了强奸罪。因为强奸犯意是由甲单独产生的，并独自实施了强奸行为，而乙对甲的强奸行为没有犯意上的沟通，也没有共同参与实施强奸行为，应由甲一人承担强奸罪的责任。所以，对甲应定抢劫罪、强奸罪，实行两罪并罚，对乙只以抢劫罪进行处罚。

第二节   刑罚的裁量与执行

刑罚，是刑法规定的由国家审判机关依法对犯罪人所适用的限制或剥夺其某种权益的一种强制性法律制裁方法。同其他制裁方法相比，刑罚是最为严厉的强制措施。

一、刑罚的种类

我国的刑罚包括主刑和附加刑两类。主刑有管制、拘役、有期徒刑、无期徒刑和死刑。附加刑有罚金、剥夺政治权利、没收财产以及驱逐出境。

（一）主刑

主刑是指只能独立适用，不能附加适用的主要刑罚方法。一宗罪只能适用一个主刑，不能同时适用两个以上的主刑。例如，法院对犯盗窃罪的行为人判处有期徒刑，就不能再判处无期徒刑。

1. 管制

管制是指对犯罪分子不实行关押，但限制其一定的自由，依法由社区矫正的刑罚方法。管制是最轻的主刑，适用于罪行较轻的犯罪分子。管制的期限，为三个月以上两年以下。管制的刑期，从判决执行之日起计算；先期羁押的，一日折抵刑期两日。

对于判处管制的犯罪分子，在劳动中应当同工同酬。当管制期满时，执行机关应即向本人和其所在单位或者居住地的群众宣布解除管制。

2. 拘役

拘役是剥夺犯罪分子短期人身自由，就近实行强制劳动改造的刑罚方法。拘役的刑期为一个月以上六个月以下，适用于罪行较轻但需要短期关押改造的罪犯。拘役的刑期，从判决执行之日起计算；先期羁押的，一日折抵刑期一日。

拘役由公安机关就近执行。在执行期间，被判处拘役的犯罪分子每月可以回家一至两天；参加劳动的，可以酌量发给报酬。

3. 有期徒刑

有期徒刑是指剥夺犯罪分子一定期限的人身自由，实行强制劳动改造的刑罚方法。有期徒刑的期限为六个月以上十五年以下。有期徒刑的刑期，从判决执行之日起计算；先期羁押的，一日折抵刑期一日。

有期徒刑在监狱或者其他执行场所执行，凡有劳动能力的犯罪分子，都应当参加劳动，接受教育和改造。

4. 无期徒刑

无期徒刑是剥夺犯罪分子终身自由，并强制劳动改造的刑罚方法。对于被判处无期徒刑的犯罪分子，应当附加剥夺政治权利终身。

5. 死刑

死刑是指剥夺犯罪分子生命的刑罚方法，包括死刑立即执行和死刑缓期两年执行（死缓）两种。死刑是最严厉的刑罚，只适用于罪行极其严重的犯罪分子。对于应当判处死刑的犯罪分子，如果不是必须立即执行的，可以判处死刑同时宣告缓期两年执行。

我国《刑法》对死刑的适用有严格的限制：犯罪的时候不满十八周岁的人和审判时怀孕的妇女不适用死刑；除以特别残忍手段致人死亡的以外，审判的时候已满七十五周岁的人不适用死刑；除依法由最高人民法院判决的以外，死刑都应当报请最高人民法院核准。

死缓不是独立的刑种，只是死刑的执行方式之一。依据我国《刑法》第五十条的规定，判处死刑缓期执行的，在死刑缓期执行期间，如果没有故意犯罪，两年期满以后，减为无期徒刑；如果确有重大立功表现，两年期满以后，减为二十五年有期徒刑；如果故意犯罪，情节恶劣的，报请最高人民法院核准后执行死刑。

（二）附加刑

附加刑既可以附加主刑适用，也可以独立适用。同一犯罪可以同时适用两个以上附加刑。

1. 罚金

罚金是指由人民法院判处犯罪分子向国家缴纳一定数额金钱的刑罚方法。判处罚金的数额，应当根据犯罪情节决定。

被判处罚金的，应当在判决书指定的期限内缴纳。对于不能全部缴纳的罚金，人民法院在任何时候发现犯罪人有可以执行的财产，随时可以追缴。

2. 剥夺政治权利

剥夺政治权利是指剥夺犯罪分子参加管理国家和政治活动权利的刑罚方法。

我国刑法规定，对于危害国家安全的犯罪分子应当附加剥夺政治权利；对故意杀人、强奸、放火、爆炸、投毒、抢劫等严重破坏社会秩序的犯罪分子，可以附加剥夺政治权利；对于被判处死刑、无期徒刑的犯罪分子应当剥夺政治权利终身。但在死刑缓期执行减为有期徒刑或者无期徒刑减为有期徒刑的时候，应当把附加剥夺政治权利的期限改为三年以上十年以下。

附加剥夺政治权利的刑期，从徒刑、拘役执行完毕之日或者被假释之日起计算，主刑执行期间犯罪分子不享有政治权利。

3. 没收财产

没收财产是指将犯罪分子所有财产的一部分或者全部强制地收归国有的刑罚方法。没收全部财产的，应当对犯罪分子个人及其扶养的家属保留必需的生活费用。另外，没收财产前犯罪分子所负的正当债务，需要以没收的财产偿还的，经债权人请求，应当偿还。

4. 驱逐出境

驱逐出境是指强迫犯罪的外国人离开中国国（边）境的刑罚方法。驱逐出境只适用于在中国犯罪的外国人。

二、　刑罚的裁量

刑罚的裁量又称量刑，是指根据我国刑法规定，在认定犯罪的基础上，对犯罪分子是否判处刑罚、判处何种刑罚以及判处多重刑罚的确定与裁量。对犯罪分子决定刑罚的时候，应当根据犯罪的事实、犯罪的性质、情节和对社会的危害程度进行综合考量。

依据刑法的规定，我国主要的量刑制度包括累犯、自首、立功、数罪并罚和缓刑。

（一）累犯

累犯是指被判处一定刑罚的人，在刑罚执行完毕或者赦免以后，在法定期限内又犯一定罪行的犯罪分子。累犯分为一般累犯和特别累犯两种。

1. 一般累犯

一般累犯是指被判处有期徒刑以上刑罚的犯罪分子，刑罚执行完毕或者赦免以后，在五年以内再犯应当判处有期徒刑以上刑罚之罪的犯罪分子。一般累犯的构成条件包括：① 前罪与后罪都是故意犯罪；② 前罪与后罪都是或应当是被判处有期徒刑以上刑罚的犯罪；③ 后罪发生在前罪的刑罚执行完毕或者赦免以后 5 年之内。

2. 特别累犯

特别累犯是指因犯危害国家安全罪、恐怖活动犯罪、黑社会性质的组织犯罪的犯罪分子，在刑罚执行完毕或者赦免以后，在任何时候再犯上述任一类罪的犯罪分子。特殊累犯的构成条件包括：① 前罪与后罪都是危害国家安全犯罪、恐怖活动犯罪、黑社会性质的组织犯罪；② 后罪发生在前罪的刑罚执行完毕或者赦免以后。

对于累犯应当从重处罚，不得适用缓刑和假释。

知识链接

从重处罚是指在法定刑幅度内，适用较重的刑种或较长的刑期。从轻处罚，是指在法定刑幅度内，适用较轻的刑种或较短的刑期。减轻处罚是指在法定刑幅度以下适用刑罚。刑法规定有数个量刑幅度的，应当在法定量刑幅度的下一个量刑幅度内判处刑罚。

以案学法

宋某因犯盗窃罪被判处有期徒刑一年，缓刑两年。在缓刑考验期间没再犯新罪，但在缓刑期满以后第三年又犯了故意伤害罪，依法应判处有期徒刑三年。请问：宋某是否构成累犯？

学法：

宋某不构成累犯。因为缓刑是有条件地不执行原判刑罚，缓刑考验期满无任何违法犯罪行为，原判的刑罚就不再执行了，而不是刑罚执行完毕。普通累犯是指因故意犯罪而被判处过有期徒刑以上的刑罚，在刑罚执行完毕或赦免以后，在5年内又犯应当判处有期徒刑以上刑罚的故意犯罪的罪犯。所以，宋某不符合累犯的构成条件。

（二）自首

自首是法定的从宽量刑情节。我国《刑法》第六十七条规定："对于自首的犯罪分子，可以从轻或者减轻处罚。其中，犯罪较轻的，可以免除处罚。"自首可分为一般自首与特别自首。

1. 一般自首

一般自首是指犯罪分子犯罪以后自动投案，如实供述自己罪行的行为。成立一般自首必须具备以下条件：① 自动投案。所谓自动投案，是在犯罪之后、归案之前，犯罪嫌疑人出于本人的意志而向有关机关承认自己实施了犯罪，自愿置于有关机关的控制之下，并最终接受国家审判的行为。② 如实供述自己的罪行。投案之后，犯罪嫌疑人如实交代自己的主要犯罪事实以及共同犯罪中所知的同案犯。

根据《最高人民法院关于处理自首和立功具体应用法律若干问题的解释》的规定，犯罪嫌疑人自动投案后又逃跑的，不能认定为自首。犯罪嫌疑人自动投案并如实供述自己的罪行后又翻供的，不能认定为自首；但在一审判决前又能如实供述的，应当认定为自首。

2. 特别自首

特别自首是指被采取强制措施的犯罪嫌疑人、被告人和正在服刑的罪犯，如实供述司法机关还未掌握的本人其他罪行的行为。特别自首的特别之处在于：一是特别自首的主体已经被采取了强制措施；二是能提供司法机关还未掌握的本人其他罪行。

以案学法

交通肇事致人死亡，驾驶员郑某因太紧张害怕，弃车逃进深山，后又跑到某市一处烂尾楼里躲避，失联一个多月，亲属们没有放弃，一边积极帮其赔偿，一边不管其是否能看到，坚持发信息劝其回来自首，争取宽大处理，经过激烈的思想斗争，郑某终于肯面对自己的过失，投案自首。法院一审判决被告人郑某犯交通肇事罪，判处有期徒刑两年十个月，缓刑三年。

学法：

本案中，郑某构成交通肇事罪后，主动投案，如实供述自己的犯罪事实，属于一般自首的情形。被告人郑某违反交通运输管理法规，驾驶机动车在道路上行驶发生交通事故，致一人死亡，负事故的全部责任，且交通肇事后逃逸，其行为已构成交通肇事罪，案发后，被告人郑某主动投案，如实供述了自己的犯罪事实，当庭自愿认罪，构成自首，可依法对其从轻或减轻处罚，被告人郑某赔偿了被害人近亲属的经济损失，取得被害人近亲属的谅解，具有酌定从轻处罚情节。综上，根据被告人郑某的犯罪事实、性质、量刑情节，对其减轻处罚并适用缓刑。依照我国法律规定，判决被告人郑某犯交通肇事罪，判处有期徒刑两年十个月，缓刑三年。

（三）立功

立功是指犯罪分子揭发他人的犯罪行为，查证属实的，或者提供重要线索从而得以侦破其他案件的行为。重大立功，是指犯罪分子检举、揭发他人重大罪行，查证属实的，或提供侦破其他重大案件的重要线索，或者阻止他人重大犯罪活动，或者协助司法机关抓捕其他重大犯罪嫌疑人，或者对国家和社会有其他重大贡献等表现的行为。

立功属于法定从宽处罚的量刑情节，立功的内容具有法定性，犯罪分子只有实施刑法及司法解释明文规定的几种行为而且必须要有某种实际效果才能构成立功。我国《刑法》第六十八条规定："犯罪分子有揭发他人犯罪行为，查证属实的，或者提供重要线索，从而得以侦破其他案件等立功表现的，可以从轻或者减轻处罚；有重大立功表现的，可以减轻或者免除处罚。"

（四）数罪并罚

数罪并罚，是指法院对一人犯数罪分别定罪量刑，并根据法定原则与方法，决定应当执行的刑罚。

我国法律规定，判决宣告以前一人犯数罪的，应当遵循如下原则。

（1）吸收原则，数罪中有判处死刑或者无期徒刑的，只执行死刑或者无期徒刑。

（2）限制加重原则，对于判处有期徒刑、拘役和管制的，应当在总和刑期以下、数刑中最高刑期以上，酌情决定执行的刑期，但是管制最高不能超过三年，拘役最高不能超过一年，有期徒刑总和刑期不满三十五年的，最高不能超过二十年，总和刑期在三十五年以上的，最高不能超过二十五年。

（3）数罪中有判处有期徒刑和拘役的，执行有期徒刑。数罪中有判处有期徒刑和管制，或者拘役和管制的，先执行有期徒刑、拘役，执行完毕后，再执行管制。

（4）数罪中有判处附加刑的，附加刑仍需执行，其中附加刑种类相同的，合并执行；种类不同的，分别执行。

判决宣告后、刑罚执行完毕前发现漏罪的并罚，采用"先并后减"的方式。也就是说，判决宣告以后，刑罚执行完毕以前，发现被判刑的犯罪分子在判决宣告前还有其他罪没有判决的，应当对新发现的罪作出判决，把前后两个判决所判处的刑罚，依照上述原则的规定，决定执行的刑罚，然后减去已经执行的刑期，就是其应继续履行的刑期。例如，张某犯甲、乙二罪，但法院只判决甲罪五年有期徒刑，执行三年后，法院发现乙罪，判处乙罪八年有期徒刑。则甲、乙罪刑期按照限制加重原则并罚后应当在八年以上十三年以下决定刑期，若最后刑期为十年，则需要减去已经执行的三年，张某还需执行七年有期徒刑。

在判决宣告后、刑罚执行完毕前又犯新罪的并罚，采用"先减后并"的方式。也就是说，判决宣告以后、刑罚执行完毕以前，被判刑的犯罪分子又犯罪的，应当对新犯的罪作出判决，把前罪没有执行的刑罚和后罪所判处的刑罚，依照上述原则的规定，决定执行的刑罚。例如，李某犯甲罪，判处有期徒刑十五年，执行八年后，犯新罪乙罪，判处有期徒刑十八年，其应继续执行的刑期为，甲罪的剩余刑期七年，与乙罪的刑期十八年并罚，即刑期在十八年以上二十年以下。

（五）缓刑

缓刑是指有条件地不执行所判决的刑罚。适用缓刑的条件主要包括：① 对象条件：被判处拘役或者三年以下有期徒刑的犯罪分子；② 实质条件：犯罪情节较轻，有悔罪表现，没有再犯罪的危险，宣告缓刑对所居住社区没有重大不良影响；③ 限制条件：不是累犯和犯罪集团的首要分子。

对宣告缓刑的犯罪分子，在缓刑考验期限内，依法实行社区矫正。如果没有发生《刑法》规定的撤销缓刑的情形，缓刑考验期满，原判的刑罚就不再执行，并公开予以宣告。宣告缓刑的犯罪人如果被判处附加刑的，附加刑仍须执行。

三、 刑罚的执行

（一）减刑

减刑是指对于被判处管制、拘役、有期徒刑、无期徒刑的犯罪分子，在刑罚执行期间，如果认真遵守监规，接受教育改造，确有悔改或者立功表现的，适当减轻原判刑罚的制度。依据我国《刑法》第七十八条的规定，有下列重大立功表现之一的，应当减刑：① 阻止他人重大犯罪活动的；② 检举监狱内外重大犯罪活动，经查证属实的；③ 有发明创造或者重大技术革新的；④ 在日常生产、生活中舍己救人的；⑤ 在抗御自然灾害或者排除重大事故中，有突出表现的；⑥ 对国家和社会有其他重大贡献的。

按照我国刑法的规定，非经法定程序不得减刑。对于犯罪分子的减刑，由执行机关向中级以上人民法院提出减刑建议书，由人民法院组成合议庭进行审理，对确有悔改或者有立功事实的，裁定予以减刑。减刑以后实际执行的刑期，判处管制、拘役、有期徒刑的，不能少于原判刑期的二分之一；判处无期徒刑的，不能少于十三年。

（二）假释

假释是指被判处有期徒刑、无期徒刑的犯罪分子，在执行一定刑期后，由于确有悔改表现，没有再犯罪的危险，而附条件地予以提前释放的刑罚制度。假释的适用条件主要包括：① 适用对象是被判处有期徒刑、无期徒刑的犯罪分子。② 犯罪分子在刑罚执行期间认真遵守监规，接受教育改造，确有悔改表现，没有再犯罪的危险。③ 被判处有期徒刑的犯罪分子，执行原判刑期二分之一以上；被判处无期徒刑的犯罪分子，实际执行十三年以上。

我国《刑法》第八十一条规定，对累犯以及因故意杀人、强奸、抢劫、绑架、放火、爆炸、投放危险物质或者有组织的暴力性犯罪被判处十年以上有期徒刑、无期徒刑的犯罪分子，不得假释。

对假释的犯罪分子，在假释考验期限内，依法实行社区矫正。有期徒刑的假释考验期限为没有执行完毕的刑期，无期徒刑的假释考验期限为十年。被假释的犯罪分子，如果在假释考验期限内没有犯新罪，也没有发现未判决的其他罪的，假释考验期满，就认为其原判刑罚已经执行完毕，应公开予以宣告。

第三节　生活中常见的犯罪

在本节内容中，我们通过一些具体的案例来认识生活中常见的几种犯罪。

一、　交通肇事罪（《刑法》第一百三十三条）

交通肇事罪，是指违反道路交通运输管理法规，发生重大交通事故，致人重伤、死亡或者使公私财产遭受重大损失的行为。本罪具有以下特征。

（1）侵犯的客体是交通运输的安全。

（2）客观方面表现为在交通运输活动中违反交通运输管理法规，发生重大事故，致人重伤、死亡或者使公私财产遭受巨大损失的行为。

（3）主体为一般主体。即凡年满十六周岁、具有刑事责任能力的自然人均可构成。在司法实践中主要是从事交通运输的人员，即机动车辆的驾驶人员。根据《最高人民法院关于审理交通肇事刑事案件具体应用法律若干问题的解释》的规定，单位主管人员、机动车辆所有人或者机动车辆承包人指使、强令他人违章驾驶造成重大交通事故的，达到犯罪构成标准的，以交通肇事罪定罪处罚。

（4）主观方面表现为过失。行为人在违反规章制度上可能是明知故犯，如超速行驶，但对自己的违章行为可能造成的严重后果的心理态度是过失，即行为人应当预见因疏忽大意没有预见，或者虽已预见，但轻信能够避免，以致造成了严重后果。

根据我国《刑法》第一百三十三条的规定，犯交通肇事罪的，处三年以下有期徒刑或者拘役；交通肇事后逃逸或者有其他特别恶劣情节的，处三年以上七年以下有期徒刑；因逃逸致人死亡的，处七年以上有期徒刑。

交通肇事罪与非罪的区分：第一，是否造成了刑法所规定的危害后果；第二，这种危害后果是否是因行为人的违章行为造成的；第三，行为人主观上是否有过失。

 以案学法

2001年8月16日凌晨1时许，被告人罗某驾驶桑塔纳出租汽车，沿本市汉口路由北向南行驶至本市南昌路时，撞上了一辆同向行驶的人力三轮车，致使三轮车上的骑车人孙某被撞倒在机动车道上，被告人罗某随即驾车逃离现场。两三分钟后，已经苏醒并正在爬起来的孙某被高某驾驶的大货车再次撞倒并当场死亡。一审法院经审理认为：被告人罗某在交通事故发生后逃逸，造成被害人孙某因得不到及时抢救，而被随后驶至的其他车辆撞击并当场死亡的后果，其行为已构成交通肇事罪，属于"因逃逸致人死亡"的情形，判处有期徒刑7年。被告人罗某不服一审判决，提出上诉：造成被害人死亡的直接原因是大卡车的撞击，原审对其量刑过重。辩护人认为被告人罗某逃逸的行为并没有产生孙某因得不到抢救而自然死亡的结果，而是因为高某的行为才发生了孙某死亡的结果。二审法院经审理认为，被告人罗某不应承担"因逃逸致人死亡"的刑事责任，应承担交通肇事后逃逸的刑事责任。撤销一审刑事判决，被告人罗某犯交通肇事罪，判处有期徒

刑 4 年。

学法：

《最高人民法院关于审理交通肇事刑事案件具体应用法律若干问题的解释》第五条规定"因逃逸致人死亡"是指行为人在交通肇事后为逃避法律追究而逃跑，致使被害人无法得到救助而死亡的情形。本案中，罗某将被害人撞伤后逃逸，大货车驾驶员高某将被害人撞死，根据某交警支队出具的《道路交通事故责任认定书》，罗某负主责，高某负次责。罗某将被害人撞伤后逃逸导致被害人又被其他车辆撞死，被害人的死亡与被告人罗某的行为有联系，但不是导致被害人必然死亡的直接原因。被告人罗某撞击被害人的人力三轮车致被害人倒地后，被害人已经在慢慢爬起，这说明被告人的逃逸行为并未造成被害人因得不到救助而自然死亡的结果，而是在负有过错责任的高某的介入下，才产生了被害人被撞死的结果。因此，被告人罗某不应承担"因逃逸致人死亡"的刑事责任，而应承担交通肇事后逃逸的刑事责任。原审对罗某适用"因逃逸致人死亡"的法律条文不当，导致量刑畸重；应适用"交通肇事后逃逸"的法律条文，在"三年以上七年以下有期徒刑"幅度内量刑，最终判处有期徒刑四年。

二、 故意杀人罪（《刑法》第二百三十二条）

故意杀人罪是指故意非法剥夺他人生命的行为。本罪具有以下特征。

（1）侵犯的客体是他人的生命权。

（2）客观方面表现为非法剥夺他人生命的行为。只要行为人实施了故意杀人的行为，不管被害人是否实际被杀死，都构成故意杀人罪。经受害人同意而剥夺其生命的行为，也构成故意杀人罪，如"安乐死"。还有"大义灭亲"行为，如私自处死违法犯罪亲属的，同样构成故意杀人罪。

（3）主体是年满十四周岁、具有刑事责任能力的自然人。

（4）主观方面表现为具有非法剥夺他人生命的故意，包括直接故意和间接故意。即明知自己的行为会发生他人死亡的危害后果，并且希望或者放任这种结果的发生。

根据我国《刑法》第二百三十二条的规定，犯故意杀人罪的，处死刑、无期徒刑或者十年以上有期徒刑；情节较轻的，处三年以上十年以下有期徒刑。

如果行为人使用放火、爆炸、投毒等危险方法杀害他人，危及不特定多数人的生命、健康或重大公私财产安全的，构成危害公共安全罪。

以案学法

曹某（男）与罗某（女）勾搭成奸，并预谋杀死罗某的丈夫刘某之后，两人结婚。某日，曹某买来毒药交给罗某，罗某将毒药投入刘某的酒中，并为刘某炒了菜，让刘某喝酒。刘某将酒喝光，但并未发生死亡结果。曹某、罗某后来得知，毒药因存放时间太长，已经失效。请问：曹某、罗某的行为是否构成故意杀人罪？

学法：

曹某、罗某的行为构成故意杀人罪（未遂）。曹某、罗某主观上具有毒死刘某的故意，客观上也实施了毒杀刘某的行为，但是由于二人对犯罪工具——毒药的效力有错误的认识，最终未能发生他们所希望的结果。而这种结果没有发生，是他们意志以外的原因所致，是违背他们的意志的。根据我国的刑法理论，这种情况属于工具不能犯，对行为人均应按犯罪未遂处理。

三、 拐卖妇女儿童罪（《刑法》第二百四十条）

拐卖妇女儿童罪是指以出卖为目的，拐骗、绑架、收买、贩卖、接送、中转妇女、儿童的行为。本罪具有以下特征。

（1）侵犯的客体是妇女、儿童的人身自由权利。

（2）在客观上表现为实施拐骗、绑架、收买、贩卖、接送、中转妇女、儿童的行为。行为人只要具有上述行为之一，就可构成此罪。

（3）主体为一般主体。即凡年满十六周岁、具有刑事责任能力的自然人均可构成。

（4）主观方面是故意，并以出卖为目的。行为人的目的最后是否实现、出卖后是否获利，都不影响本罪的成立。

根据我国《刑法》第二百四十条的规定，拐卖妇女、儿童的，处五年以上十年以下有期徒刑，并处罚金；有下列情形之一的，处十年以上有期徒刑或者无期徒刑，并处罚金或者没收财产；情节特别严重的，处死刑，并处没收财产：① 拐卖妇女、儿童集团的首要分子；② 拐卖妇女、儿童三人以上的；③ 奸淫被拐卖的妇女的；④ 诱骗、强迫被拐卖的妇女卖淫或者将被拐卖的妇女卖给他人迫使其卖淫的；⑤ 以出卖为目的，使用暴力、胁迫或者麻醉方法绑架妇女、儿童的；⑥ 以出卖为目的，偷盗婴幼儿的；⑦ 造成被拐卖的妇女、儿童或者其亲属重伤、死亡或者其他严重后果的；⑧ 将妇女、儿童卖往境外的。

以案学法

杨某和邓某因结婚多年只生育了一个女儿，告知朋友黄某想购买一名男婴抚养，于是黄某将巫某介绍给杨某和邓某。杨某与巫某商定以人民币 85 000 元购买男婴后，将此事告知妻子邓某，邓某同意。数天后，巫某雇请谢某驾驶轿车载其与杨某夫妇一起前往浙江，由巫某支付 55 000 元向一对夫妻购买了一名男婴，随后交给杨某夫妇。事后杨某支付给巫某 85 000 元，巫某支付给谢某车费 4 500 元，支付给黄某 1 000 元作为介绍费。数月后，因他人举报，巫某、黄某等人均被抓获，男婴被民警解救。

法院审理认为，被告人巫某、黄某、谢某构成拐卖儿童罪，依法追究刑事责任；被告人杨某、邓某构成收买被拐卖儿童罪，依法追究刑事责任。

学法：

根据我国《刑法》的规定，拐卖儿童罪是指以出卖为目的，拐骗、绑架、收买、贩卖、施诈、接送、中转儿童的行为。其中，"贩卖"是指将儿童当作商品出售给他人以获取非法利益的行为；"接送"是指行为人在拐卖儿童过程中的接收、运送的行为。行为人只要实施上述行为之一即构成本罪。本案中，被告人巫某、黄某贩卖婴儿，谢某帮助接送，均已构成拐卖儿童罪。收买被拐卖的儿童罪是指不以出卖为目的，收买被拐卖儿童的行为。"收买"是指以钱物购买被拐卖的儿童，实际上是将儿童当作商品买回。被告人杨某和邓某因收买他人出卖的婴儿，构成收买被拐卖的儿童罪。

法条链接

我国《刑法》第二百四十一条规定，收买被拐卖的妇女、儿童的，处三年以下有期徒刑、拘役或者管制。收买被拐卖的妇女、儿童，对被买儿童没有虐待行为，不阻碍对其进行解救的，可以从轻处罚；按照被买妇女的意愿，不阻碍其返回原居住地的，可以从轻或者减轻处罚。

四、 抢劫罪（《刑法》第二百六十三条）

抢劫罪是指以非法占有为目的，以暴力、胁迫或者其他方法，强行劫取公私财物的行为。本罪具有以下特征。

（1）侵犯的客体是公私财物的所有权和公民的人身权利。

（2）在客观方面表现为对财物所有人、持有人或者保管人等当场使用暴力、胁迫或者其他方法强行劫取财物，或者迫使其当场交出财物的行为。是否实际抢到财物以及被抢财物价值的大小不影响定罪。

（3）主体是年满14周岁、具有刑事责任能力的自然人。

（4）在主观方面必须出于直接故意，并且具有非法占有公私财物的目的。

根据我国《刑法》第二百六十三条的规定，犯抢劫罪的，处三年以上十年以下有期徒刑，并处罚金；有下列情形之一的，处十年以上有期徒刑、无期徒刑或者死刑，并处罚金或者没收财产：① 入户抢劫的；② 在公共交通工具上抢劫的；③ 抢劫银行或者其他金融机构的；④ 多次抢劫或者抢劫数额巨大的；⑤ 抢劫致人重伤、死亡的；⑥ 冒充军警人员抢劫的；⑦ 持枪抢劫的；⑧ 抢劫军用物资或者抢险、救灾、救济物资的。

抢劫罪与非罪的界限：抢劫罪是最为严重的侵犯财产犯罪，我国刑法在认定此罪时没有对抢劫的数额和其他情节作限制性规定，因此，一般情况下，抢劫行为一经实施就可以认定为犯罪，抢劫数额及其他情节只是作为量刑考量因素。但是如果抢劫行为的情节显著轻微，对被害人的人身危害也不大，没有抢到财物或者抢到的财物数额非常小的，应该依据《刑法》第十三条"但书"的规定，不认定为犯罪。

根据我国《刑法》第二百六十九条的规定，犯盗窃、诈骗、抢夺罪，为窝藏赃物、抗拒抓捕或者毁灭罪证而当场使用暴力或者以暴力相威胁的，依照《刑法》第二百六十三条抢劫罪的规定定罪处罚。

以案学法

小明（15岁）和小宋（17岁）都是中学生，均沉迷于网络，两人合谋拦截中小学生索要钱财挣上网费。2016年6月5日5时许，两人在某学校附近一条巷子内，将小杨（15岁，初中学生）拦住，要小杨给钱，遭到小杨拒绝后，小宋拿刀威胁小杨，小明从小杨书包里抢得手机一部。时隔一个星期，两人又来到这条巷子内拦住小学生小肖（10岁，小学学生）要钱，小肖不给，小宋打了小肖两巴掌，抢得小肖的人民币50元。次日，公安机关将小明、小宋抓获。在法院审理期间，小明、小宋的法定代理人向本案被害人赔偿了全部经济损失。法院判决：被告人小明、小宋均因犯抢劫罪，判处有期徒刑三年，缓刑三年，并处罚金人民币 2 000 元。

学法：

抢劫罪，是以非法占有为目的，对财物的所有人或者保管人当场使用暴力、胁迫或其他方法，强行将公私财物抢走的行为。凡年满十四周岁并具有刑事责任能力的自然人，均可以构成抢劫罪的主体。小明、小宋为了上网，共同拦截学生要钱，在遭到学生拒绝的情况下，当场采取用刀威胁、殴打他人的方法抢得钱财，行为符合抢劫罪的构成要件，构成抢劫罪。由于小明、小宋的法定代理人向本案被害人赔偿了全部经济损失，且小明、小宋都是未成年人犯罪，应当从轻或减轻处罚，所以法院做出判处小明、小宋两被告有期徒刑三年，缓刑三年的处罚。

五、 盗窃罪（《刑法》第二百六十四条）

盗窃罪是指以非法占有为目的，秘密窃取公私财物数额较大或者多次盗窃、入户盗窃、携带凶器盗窃、扒窃公私财物的行为。本罪具有以下特征。

（1）侵犯的客体是公私财物的所有权。所有权是指占有、使用、收益、处分等权能。盗窃违禁品也构成盗窃罪，如盗窃毒品。

（2）客观方面表现为行为人具有窃取数额较大的公私财物或者多次盗窃、入户盗窃、携带凶器盗窃、扒窃的行为。多次盗窃、入户盗窃、携带凶器盗窃、扒窃的，不管是否达到数额较大的标准，只要实施上述行为，均构成盗窃罪。根据《最高人民法院最高人民检察院关于办理盗窃刑事案件适用法律若干问题的解释》的规定，两年内盗窃三次以上的，应当认定为"多次盗窃"。非法进入供他人家庭生活、与外界相对隔离的住所盗窃的，应当认定为"入户盗窃"。携带枪支、爆炸物、管制刀具等国家禁止个人携带的器械盗窃，或者为了实施违法犯罪携带其他足以危害他人人身安全的器械盗窃的，应当认定为"携带凶器盗窃"。在公共场所或者公共交通工具上盗窃他人随身携带的财物的，应当认定为"扒窃"。

（3）主体是一般主体。即凡年满十六周岁、具有刑事责任能力的自然人均可构成。

（4）主观方面表现为直接故意且具有非法占有的目的。

根据我国《刑法》第二百六十四条的规定，盗窃公私财物，数额较大的，或者多次盗窃、入户盗窃、携带凶器盗窃、扒窃的，处三年以下有期徒刑、拘役或者管制，并处或者单处罚金；数额巨大或者有其他严重情节的，处三年以上十年以下有期徒刑，并处罚金；数额特别巨大或者有其他特别严重情节的，处十年以上有期徒刑或者无期徒刑，并处罚金或者没收财产。"数额较大"，是指盗窃公私财物价值人民币1 000元至3 000元以上。"数额巨大"，是指盗窃公私财物价值人民币3万元至10万元以上。"数额特别巨大"，是指盗窃公私财物价值人民币30万元至50万元以上。

注意：偷拿家庭成员或者近亲属的财物获得谅解的，一般可不认为是犯罪；追究刑事责任的，应当酌情从宽。

根据我国《刑法》第二百六十五条的规定，以牟利为目的，盗接他人通信线路、复制他人电信码号或者明知是盗接、复制的电信设备、设施而使用的，依照我国《刑法》第二百六十四条的规定进行处罚。

以案学法

28岁的杨某与王某是男女朋友关系。2017年9月27日17时许，杨某在安顺市开发区一家养生馆与女友吵架。随后，杨某将女友的手机拿走。次日零时许，杨某拿着女友的手机，通过微信转账的方式，分三次转走女友卡上1.4万元至自己的微信账户。为了不让女友发现，三日后，杨某将女友手机归还时，修改了女友手机的开机密码。一个月后，王某才发现自己卡上的1.4万元不见了。王某立即报警，令她没有想到的是，盗走钱财的竟是自己的男友。案发后，杨某的家属归还了王某1万元并取得了王某的谅解。安顺市西秀区法院以盗窃罪判处杨某有期徒刑10个月，并处罚金1000元，责令杨某退赔被盗人民币1.4万元给王某。

学法：

被告人杨某以非法占有为目的，拿走女友的手机，通过微信转账的方式转走王某绑定微信账号的银行卡内的人民币1.4万元，数额较大，构成盗窃罪，应予处罚。杨某归案后其家属赔偿被害人部分经济损失，取得被害人的谅解，可酌情从轻处罚。杨某如实交代自己的犯罪事实，认罪认罚，属于坦白，可依法从轻处罚。法院根据我国相关法律规定作出以上判决。

六、 诈骗罪（《刑法》第二百六十六条）

诈骗罪是指以非法占有为目的，用虚构事实或者隐瞒真相的方法，骗取数额较大的公私财物的行为。本罪具有以下特征。

（1）侵犯的客体是公私财物所有权。

（2）客观上表现为使用虚构事实或隐瞒真相的方法骗取数额较大的公私财物。具体表现为：行为人实施欺诈行为，使被害人产生错误认识，被害人基于错误认识处分财产，行为人取得财产，从而使被害人的财产受到损害。

（3）主体是一般主体。即凡年满十六周岁、具有刑事责任能力的自然人均可构成。

（4）在主观方面表现为故意，并且具有非法占有公私财物的目的。

根据我国《刑法》第二百六十六条的规定，诈骗公私财物，数额较大的，处三年以下有期徒刑、拘役或者管制，并处或者单处罚金；数额巨大或者有其他严重情节的，处三年以上十年以下有期徒刑，并处罚金；数额特别巨大或者有其他特别严重情节的，处十年以上有期徒刑或者无期徒刑，并处罚金或者没收财产。法律另有规定的，依照规定。"数额较大"是指诈骗公私财物价值3000元至1万元以上；"数额巨大"是指诈骗公私财物价值3万元至10万元以上；"数额特别巨大"是指诈骗公私财物价值 50 万元以上的。

注意：诈骗近亲属的财物，近亲属谅解的，一般可不按犯罪处理。诈骗近亲属的财物，确有追究刑事责任必要的，具体处理也应酌情从宽。

 以案学法

王某与李某是大学同学。2012 年 3 月至 7 月，王某先后以办工厂缺资金和患重病需钱治疗为由共从李某处借款 10 万元。王某将该款用于房屋装修和购买家具等。2013 年 5 月，李某得知王某所有借款理由均系虚构之后，多次催其还款。同年 8 月 20 日，王某写了一张 10 万元的借条给李某。同年 10 月 21 日，王某又与李某签订了一份还款协议，以其住房一套作价 8 万元抵作还款，其余欠款在一年内还清，房产在 2013 年 12 月 30 日前办完抵押手续。但在约定期限内，王某既未还款也未办理房产抵押手续。请问：王某的行为是否构成诈骗罪？

学法：

王某的行为不构成诈骗罪。诈骗罪是指以非法占有为目的，虚构事实、隐瞒真相骗取他人钱财，数额较大的行为。本案王某在向李某借款时，虽然虚构了办工厂缺资金和患重病需钱治疗的借款理由，但主观上不具有非法占有他人钱财的故意。王某的本意是向李某借款，为使李某答应借钱，便编造了理由分批向李某借款 10 万元，后来在李某催其还款时出具了借条，并与李某达成还款协议，这说明王某主观上并无非法占有这 10 万元的目的。客观方面，王某虽然有虚构借款理由的行为，但他与李某间有借款的内容和形式，不属于虚构事实、隐瞒真相的诈骗犯罪行为。王某的行为不符合诈骗罪的主客观构成要件，不构成诈骗罪，他与李某的借款关系属于民法调整范围。

七、 敲诈勒索罪（《刑法》第二百七十四条）

敲诈勒索罪是指以非法占有为目的，对被害人使用威胁或要挟的方法，强行索要公私财物数额较大的行为。本罪具有以下特征。

（1）侵犯的客体是公私财物的所有权和他人的人身权利或者其他权益。

（2）在客观方面表现为行为人采用威胁、要挟、恫吓等手段，迫使被害人交出财物的行为。敲诈勒索的行为只有数额较大或者多次敲诈勒索时，才构成犯罪。

（3）主体为一般主体。凡达到法定刑事责任年龄且具有刑事责任能力的自然人均能构成本罪。

（4）在主观方面表现为直接故意，必须具有非法占有他人财物的目的。

根据我国《刑法》第二百七十四条的规定，敲诈勒索公私财物，数额较大或者多次敲诈勒索的，处三年以下有期徒刑、拘役或者管制，并处或者单处罚金；数额巨大或者有其他严重情节的，处三年以上十年以下有期徒刑，并处罚金；数额特别巨大或者有其他特别严重情节的，处十年以上有期徒刑，并处罚金。

根据《最高人民法院、最高人民检察院关于办理敲诈勒索刑事案件适用法律若干问题的解释》的规定，敲诈勒索公私财物价值 2 000 元至 5 000 元以上、3 万元至 10 万元以上、30 万元至 50 万元以上的，应当分别认定为"数额较大""数额巨大""数额特别巨大"。两年内敲诈勒索三次以上的，应当认定为"多次敲诈勒索"。

敲诈勒索罪与非罪的界限，必须注意以下两点：① 强行索要公私财物的行为是否达到数额较大的标准或者是否属于多次敲诈勒索的情形。② 行为人是否具有非法占有公私财物的目的。如行为人采取威胁或者要挟的方法，强行索取欠债的，行为人主观上不是以非法占有为目的，属于讨债方法不当的行为，不构成敲诈勒索罪。

以案学法

　　向某与张某两人原系某纺织厂同事，关系较好。在两人共事期间，张某与某男子恋爱并怀孕而后又分手，向某一直陪伴张某，张某流产后向某也一直照顾安慰张某。后来两人先后离厂与他人结婚成家。2014年年初，向某离婚后因经济困难，向张某借钱遭到拒绝后，以其欲将张某曾与他人恋爱并怀孕的事实告诉张某现任丈夫为由，向张某索要人民币4 000元，张某为保全稳定的家庭生活被迫交给向某4 000元。其后三年内，向某要挟张某近10次，索得财物共计3.2万元。张某报案，法院审理后，以敲诈勒索罪，判处被告人向某有期徒刑四年，并处罚金人民币5 000元。

　　学法：

　　被告人向某以非法占有为目的，以公开张某曾与他人恋爱并怀孕的事实要挟张某并索取钱财，三年内要挟张某近10次，索得财物共3.2万元，属于多次敲诈勒索且数额巨大，其行为符合敲诈勒索罪构成要件，构成敲诈勒索罪。法院依据我国《刑法》第二百七十四条的规定作出以上判决。

八、 赌博罪（《刑法》第三百零三条）

　　赌博罪是指以营利为目的，聚众赌博或者以赌博为业的行为。本罪具有以下特征。

　　（1）侵犯的客体是社会主义的社会管理秩序。

　　（2）客观方面表现为聚众赌博或者以赌博为业。聚众赌博，是指组织、招引多人进行赌博，本人从中抽头渔利。以赌博为业，是指嗜赌成性，一贯赌博，以赌博所得为其生活来源。

　　（3）主体为一般主体，即凡年满十六周岁、具有刑事责任能力的自然人均可构成。

（4）主观方面表现为故意，并且以营利为目的。行为人只要以获取钱财为目的，就可以成立本罪，至于是否实际获得了钱财，不影响本罪的构成。

注意：依据我国《刑法》第三百零三条第二款的规定，为他人提供赌博的场所及用具，本人从中营利的行为构成开设赌场罪。

根据我国《刑法》第三百零三条的规定，以营利为目的，聚众赌博或者以赌博为业的，处三年以下有期徒刑、拘役或者管制，并处罚金；开设赌场的，处三年以下有期徒刑、拘役或者管制，并处罚金；情节严重的，处三年以上十年以下有期徒刑，并处罚金。

赌博罪与非罪的主要区别在于：一是主观上是否以营利为目的；二是客观上是否具有聚众赌博、以赌博为业的行为。比如，有些邻居之间经常聚赌，但行为人并不是为了营利，仅仅是消遣娱乐以打发时间，涉赌数额很小，也不以赌博所得为其生活的主要来源的，不构成赌博罪。

根据《最高人民法院、最高人民检察院、公安部关于办理网络赌博犯罪案件适用法律若干问题的意见》相关规定，利用互联网、移动通信终端等传输赌博视频、数据，组织赌博活动，具有下列情形之一的，属于《刑法》第三百零三条第二款规定的"开设赌场"行为：① 建立赌博网站并接受投注的；② 建立赌博网站并提供给他人组织赌博的；③ 为赌博网站担任代理并接受投注的；④ 参与赌博网站利润分成的。

 以案学法

2015 年 3 月至 2015 年 7 月 16 日，屈某在其家中从事地下六合彩写单活动，共计写码单 60 多期，收取下线码民黄某、何某、尹某、张某等村民投注共计人民币 11 万元，然后报给上线何某、潘某（另案处理）。上线承诺屈某 41 倍赔率，并返

还投注金额 12% 的提成，屈某承诺下线码民 40 倍赔率。屈某通过上线返还的提成和赔率差方式获利共计 5 000 余元。岳阳县公安局依法扣押了屈某非法所得及供犯罪使用的资金人民币 8 000 元。岳阳县人民法院审理后作出判决：被告人屈某犯赌博罪，依法被判处管制六个月，并处罚金人民币 4 000 元。

学法：

被告人屈某以营利为目的，从事地下六合彩写单活动，聚众赌博，金额达 11 万元，其行为已触犯刑法，构成了赌博罪，依法应予惩处。对被告人屈某的非法所得及犯罪资金应予没收。被告人屈某到案后，能如实供述自己的犯罪事实，是坦白，可以从轻处罚。根据被告人屈某的犯罪情节、认罪态度及悔罪表现，依法作出以上判决。

九、　受贿罪（《刑法》第三百八十五条）

受贿罪是指国家工作人员利用职务上的便利，索取他人财物或者非法收受他人财物，为他人谋取利益的行为。本罪具有以下特征。

（1）侵犯的客体是国家机关工作人员的职务廉洁性。

（2）在客观方面表现为行为人利用职务上的便利，索取他人财物或者非法收受他人财物，为他人谋取利益。"利用职务上的便利"，是指利用本人职务范围内的权力，即自己职务上主管、负责或者承办某项公共事务的职权所形成的便利条件。受贿罪的行为方式有两种：一是行为人利用职务上的便利，向他人索取财物。索取他人财物的不论是否为他人谋取利益，均可构成受贿罪；二是行为人利用职务上的便利，收受他人贿赂而为他人谋取利益的行为。非法收受他人财物，同时具有"为他人谋取利益"的，才能构成受贿罪。

（3）主体是特殊主体，即国家工作人员。

（4）在主观方面是故意。过失行为不构成本罪。

🔵 **知识链接**

　　国家工作人员，是指国家机关中从事公务的人员。国有公司、企业、事业单位、人民团体中从事公务的人员和国家机关、国有公司、企业、事业单位委派到非国有公司、企业、事业单位、社会团体从事公务的人员，以及其他依照法律从事公务的人员，以国家工作人员论。

　　根据我国《刑法》第三百八十六条的规定，对犯受贿罪的，根据受贿所得数额及情节，分别依照下列规定处罚：① 受贿数额较大或者有其他较重情节的，处三年以下有期徒刑或者拘役，并处罚金。② 受贿数额巨大或者有其他严重情节的，处三年以上十年以下有期徒刑，并处罚金或者没收财产。③ 受贿数额特别巨大或者有其他特别严重情节的，处十年以上有期徒刑或者无期徒刑，并处罚金或者没收财产；数额特别巨大，并使国家和人民利益遭受特别重大损失的，处无期徒刑或者死刑，并处没收财产。对多次受贿未经处理的，按照累计受贿数额处罚。索贿的从重处罚。

　　依据 2016 年 4 月施行的《最高人民法院、最高人民检察院关于办理贪污贿赂刑事案件适用法律若干问题的解释》中的规定，受贿数额在 3 万元以上不满 20 万元的，应当认定为"数额较大"；受贿数额在 20 万元以上不满 300 万元的，应当认定为"数额巨大"；受贿数额在 300 万元以上的，应当认定为"数额特别巨大"。

　　注意：我国《刑法》规定以受贿罪论处的情况：① 国家工作人员在经济往来中，违反国家规定，收受各种名义的回扣、手续费，归个人所有的，以受贿论处；② 国家工作人员利用本人职权或者地位形成的便利条件，通过其他国家工作人员职务上的行为，为请托人谋取不正当利益，索取请托人财物或者收受请托人财物的，以受贿论处。

以案学法

朱某曾任某县县委书记，在任职期间，先后十多次收受该县国土局、财政局、国税局以及县人民医院等单位以各种名义送的红包，累计价值达 12 万余元。请问：朱某是否构成受贿罪？

学法：

朱某不构成受贿罪。我国《刑法》规定的受贿罪有两种行为方式：一种是利用职务上的便利，向他人索取财物；另一种是利用职务便利，收受他人财物，为他人谋取利益。国家工作人员单纯只是收受他人财物而缺少实际为他人谋取利益的行为或承诺，不能认定为受贿罪。

本案中的朱某虽收受国土局等单位以各种名义送的红包，但是，并没有"为他人谋取利益"的实际行为或许诺，该行为不符合受贿罪的构成要件，不能认定为犯罪。即使朱某收受他人财物与本人职务有直接联系，对其行为只能按照党纪政纪处理。

案例导读评析

故意毁坏财物罪，是指故意毁灭或者损坏公私财物，数额较大或者有其他严重情节的行为。是否数额较大或者情节严重，则是区分罪与非罪的界限。本罪的主体是一般主体，凡达到刑事责任年龄十六周岁且具备刑事责任能力的自然人均能构成本罪。毁灭，是指用焚烧、摔砸等方法使物品全部丧失其价值或使用价值；损坏，是指使物品部分丧失其价值或使用价值。本案被告人王某原本是合法的债权人，却采取一种极端手段，伙同刘某将汽油倒在倪某家并点燃汽油的行为，造成被害人倪某家损失生产的衣服及房屋合计人民币 64 208 元，属故意毁坏他人财物，数额较大，其行为已触犯刑律，构成故意毁坏财物罪。

本案中被告人王某、刘某共同故意实施犯罪，属于共同犯罪。被告人王某、刘某在共同犯罪中均起主要作用，都是主犯，应当按照其所参与的全部犯罪进行处罚。被告人能如实供述自己的罪行，可以从轻处罚。被告人自愿认罪，赔偿了被害人的经济损失，并取得谅解，可酌情从轻处罚。根据我国《刑法》第二百七十五条的规定，故意毁坏公私财物，数额较大或者有其他严重情节的，处三年以下有期徒刑、拘役或者罚金；数额巨大或者有其他特别严重情节的，处三年以上七年以下有期徒刑。我国《刑法》第七十二条规定，对于被判处拘役、三年以下有期徒刑的犯罪分子，同时符合下列条件的，可以宣告缓刑：① 犯罪情节较轻；② 有悔罪表现；③ 没有再犯罪的危险；④ 宣告缓刑对所居住社区没有重大不良影响。据此，人民法院以毁坏财物罪，判处两被告人王某、刘某有期徒刑一年六个月，缓刑两年。

法条链接

《最高人民检察院、公安部关于公安机关管辖的刑事案件立案追诉标准的规定（一）》第三十三条［故意毁坏财物案（刑法第二百七十五条）］故意毁坏公私财物，涉嫌下列情形之一的，应予立案追诉：① 造成公私财物损失五千元以上的；② 毁坏公私财物三次以上的；③ 纠集三人以上公然毁坏公私财物的；④ 其他情节严重的情形。

思考与练习

1. 请写出下面案例中所涉及的犯罪的构成要件。

2018 年 2 月 14 日凌晨，被告人潘某在某小区旁一条巷子内，从被害人周某停放在此的白色某品牌的汽车后备箱内，盗窃绿色塑料收纳箱内的青花瓷香烟3条、软中华香烟6条、普通芙蓉王香烟8条、1916香烟2条及大黄金叶香烟1条，共计20条。得手后离开现场，后将上述香烟以8 638元的价格销赃，所得赃款被潘某用于日常开销及赌博。经价格认证中心认定：被盗香烟在2018年2月14日的市场价格为人民币10 086元。法院判决：被告人潘某犯盗窃罪，判处有期徒刑一年，并处罚金人民币1万元。

2. 以小组为单位组织案例讨论。

唐某与汤某是邻居，修建房屋时，唐某占了汤某家的地，于是，汤某便找唐某理论，要求协商处理这件事。唐某根本不予理会，还依仗自己家人多势众，动手打了汤某。汤某非常气愤，寻找机会要报复唐某。某日，汤某见唐某的女儿（12岁）一人在红薯地里玩，决定抓住机会报复唐某，叫来15岁的儿子和13岁的侄子，告诉二人用铁锹打死唐某的女儿，帮自己出气。两个小孩受到汤某的怂恿，各拿一把铁锹冲过去，将唐某的女儿一顿乱打，导致其腿部动脉血管破裂，血流不止，经抢救无效死亡。请问：此案应如何定性？如何承担刑事责任？

第七章

纠纷解决机制与规则

案例导读

　　陆某和王某既是老乡又是好友。2015年年底，陆某先后3次累计借给王某6.6万元。2016年2月3日，应陆某的要求，王某出具了一份内容为"今借到陆某人民币陆万陆仟元整（66 000）"的借条。2016年3月8日，王某通过支付宝向陆某归还5 000元，其后未能再还款。陆某多次向王某催要借款未果，遂向县法院提起诉讼，要求王某偿还剩余借款。庭审中，陆某表示放弃利息，只要王某偿还剩余本金6.1万元。王某辩称，他虽然出具了借条，但是没有实际收到借款，其向陆某支付的5 000元并非归还本案借款，而是归还其之前欠陆某的5 000元借款。

请思考：

　　本案中，陆某是否借钱给王某的事实应该由谁承担证明责任？王某通过支付宝向陆某归还的 5 000 元是归还本案借款还是归还其之前的借款事实应该由谁承担证明责任？陆某在庭审中是否有权利表示放弃利息？其出具的王某所写的借条能否证明借款事实？

　　这个实例涉及民事诉讼过程中当事人起诉、答辩、举证责任及法院审查判断证据并作出相应的判决等民事诉讼问题。认真学习民事诉讼法相关规定以及本章相关的内容，就能回答这些问题。

第一节　纠纷多元解决机制

　　纠纷多元解决机制，是指缓解和消除纠纷的制度和方法。根据纠纷处理的制度和方法的不同可以有以下五种途径处理纠纷。

一、和解

　　和解是指纠纷当事人双方约定互相让步，不经法院或第三方以终止争执或防止争执发生。我国自古以来就有团结互让的优良传统，一贯倡导用和解的办法解决争执及预防争执的发生。利用和解方式解决的纠纷，不仅可以平息纷争，还能使纠纷双方重归于好，有利于邻里和睦团结。但和解需要纠纷双方主动互相妥协和让步，这在具体实践中又是最难的。

　　和解是一种私力救济方式，是纠纷主体依靠自身力量解决纠纷，以维护自己的权益。或者说，这是权利人自己采取措施保护自己权利的行为。权利人自我保护的方式是多种多样的，如依法采取留置、变卖，合理拒收、拒付等。

二、 调解

调解是由第三者（调解机构或调解人）出面对纠纷的双方当事人进行调停说和，用一定的法律规范和道德规范劝导冲突双方，促使他们在互谅互让的基础上达成解决纠纷的协议。调解协议不具有法律上的强制力，但具有合同意义上的效力。调解包括人民调解、司法调解和行政调解。

知识链接

人民调解又称诉讼外调解，是指在人民调解委员会主持下进行的调解活动。人民调解委员会是村民委员会和居民委员会下设的调解民间纠纷的群众性自治组织，在基层人民政府和基层人民法院指导下进行工作。

司法调解亦称诉讼调解，是我国《民事诉讼法》规定的一项重要的诉讼制度，是当事人双方在人民法院法官的主持下，通过处分自己的权益来解决纠纷的一种重要方式。司法调解以当事人之间私权冲突为基础，以当事人一方的诉讼请求为依据，以司法审判权的介入和审查为特征，以当事人处分自己的权益为内容，实际上是公权力主导下对私权利的一种处分和让与。

行政调解是国家行政机关处理行政纠纷的一种方法。国家行政机关根据法律规定，对属于本机关职权管辖范围内的行政纠纷，通过耐心的说服教育，使纠纷的双方当事人互相谅解，在平等协商的基础上达成一致协议，从而合理地、彻底地解决纠纷。

调解与和解不同。和解是当事人之间自愿协商，达成协议，没有第三者参加；调解是在第三者（可能是群众或者群众组织，也可能是人民法院）主持下成立的。

三、　仲裁

仲裁是由双方当事人选定的仲裁机构对纠纷进行审理并作出裁决。一般是当事人根据他们之间订立的仲裁协议，自愿将其争议提交由非官方身份的仲裁员组成的仲裁庭进行裁判，并受该裁判约束。仲裁活动和法院的审判活动一样，关乎当事人的实体权益，是解决民事争议的方式之一。

仲裁不实行级别管辖和地域管辖。仲裁应当根据事实，符合法律规定，公平合理地解决纠纷。仲裁依法独立进行，不受行政机关、社会团体和个人的干涉。仲裁实行一裁终局的制度。裁决作出后，当事人就同一纠纷再申请仲裁或者向人民法院起诉的，仲裁委员会或者人民法院不予受理。裁决被人民法院依法裁定撤销或者不予执行的，当事人就该纠纷可以根据双方重新达成的仲裁协议申请仲裁，也可以向人民法院起诉。

知识链接

一裁终局，是指当事人之间的纠纷，一经仲裁审理和裁决即告终结，该裁决具有终局的法律效力。裁决作出后，当事人就同一纠纷再申请仲裁或者向人民法院起诉的，仲裁委员会或者人民法院不予受理。如果当事人一方不履行裁决的，另一方当事人可以依照《民事诉讼法》的有关规定向人民法院申请执行。

仲裁不同于调解，仲裁裁决对双方当事人有法律上的拘束力。但是，仲裁与调解一样，也是以双方当事人的自愿为前提条件的，只有纠纷的双方达成仲裁协议，一致同意将纠纷交付裁决，仲裁才能够开始。

以案学法

1992 年，李某因为土地收益低，还要交农业税而不肯耕种土地，村委会便与他签订了征用土地协议，约定李某 1 998 平方米土地的使用权归村委会所有，所有税费由村委会负责，随后村委会将该土地连同其他村民的承包地出租给某液化气站使用。从 2009 年起，国家取消土地所有相关税费，村委会将包括李某土地在内的 3 300 平方米土地重新与某能源发展公司（原液化气站）签订租赁合同，租金每年 3 万元。在这期间，李某与村委会协商要求流转费未果，于 2013 年 9 月向土地承包仲裁委员会申请仲裁。同年 11 月，仲裁裁决李某具有 1999 年第二轮农村土地承包经营权，并参照当地土地流转指导价确定由村委会支付李某 2009 年至 2013 年 1 998 平方米土地的流转费共 1.5 万元。李某则要求村委会支付更多的收益。

学法：

李某具有系争土地的土地承包经营权。李某与村委会在 1992 年签订的协议名为征用土地协议，实质为土地流转协议，即双方系土地流转关系。村委会作为受让方，承担流转土地的风险，享有流转经营收益，其出租给液化气站使用土地，系其与液化气站之间的法律关系，李某自 1992 年起即对此明知，即便村委会的收益超过向李某支付的流转费，也与李某无关。对于 2009 年至 2013 年村委会未支付的流转费用，鉴于双方对费用支付标准未有明确约定，仲裁委员会参照当地土地流转指导价确定为 1.5 万元，对此，仲裁委员会的认定是准确的。

至于李某要求村委会支付更多的收益，村委会作为系争土地使用权人，从 1992 年开始便对系争土地等统一管理并对外出租，理应享有流转经营的收益。至于该收益高于支付给李某的流转费，是村委会与其他人协商的结果，符合法律规定，也在情理之中。

四、行政复议

行政复议是公民、法人或者其他组织不服行政机关作出的具体行政行为，依法向上级行政主管机关提出复议申请，由上级行政主管机关对该具体行政行为进行合法性、适当性审查，并作出复议决定的行政行为。行政复议是行政机关的一种内部纠错机制，是行政机关对下级或者政府对所属的行政机关实施监督，以纠正下级行政机关作出的违法的或者不当的具体行政行为。

以案学法

某市某区税务分局根据举报，对该区某饮料公司进行税务检查，查明该公司上年度偷税 5 万元。该税务分局根据《税收征管法》责令饮料公司补缴 5 万元的偷税款，并处以 10 万元罚款。该公司不服，向某市税务局申请复议。某市税务局复议决定饮料公司补缴 5 万元的偷税款，改为罚款 4 万元。

学法：

某饮料公司对区税务分局作出的关于偷税行为的行政处罚不服，向上级税务局提出行政复议。经市税务局复议，区税务分局作出税务处罚时证据确凿，符合法定程序，符合《中华人民共和国税收征收管理法》的规定，适用法律、法规正确，但认为处罚过重，对区税务分局的行政处罚数额予以变更。

五、诉讼

（一）行政诉讼

行政诉讼是指公民、法人或其他组织认为行政机关的行政行为侵犯其合法权益时，依法向人民法院提起诉讼，由人民法院进行审理并作出裁判的活动。行政诉讼的核心是审查行政机关作出的具体行政行为的合法性。为保护国家行政管理活动的正常进行，除法律规定的特殊情形外，行政诉讼期间一般不停止具体行政行为的执行。行政诉讼由被告负举证责任。行政诉讼不适用调解，但行政赔偿、补偿以及行政机关行使法律、法规规定的自由裁量权的案件可以调解。

以案学法

某市某区税务分局根据举报，对该区某饮料公司进行检查。该税务分局查得该公司生产的饮料绝大部分为劣质饮料，于是根据相关法律责令该公司停止生产、销毁已生产的饮料并没收非法所得30万元。该公司不服，向某市税务局申请复议，某市税务局复议决定维持区税务分局的处罚，责令饮料公司停止生产、销毁已生产饮料并没收非法所得30万元的处罚。饮料公司不服，向法院起诉。

学法：

饮料公司可以提起对区税务分局责令停产、没收财物的行政处罚不服的行政诉讼。本案经市税务局复议，对区税务分局的工商行政处罚予以维持，此时，区税务分局作出的工商行政处罚有效。饮料公司可以区税务分局为被告，提起行政诉讼。因为根据《行政诉讼法》的规定，经复议的案件，复议机关改变原具体行政行为的，以复议机关为被告，由复议机关所在地或作出原具体行政行为的行政机关所在地人民法院管辖；复议机关维持原具体行政行为的，以原行政机关为被告，由其所在地人民法院管辖。所以，市税务局复议维持区税务分局的工商行政处罚，应以区税务分局为被告，由其所在地人民法院管辖。本案中，区税务分局对饮料公司处以责令停止生产、销毁已生产饮料并没收非法所得30万元的处罚，属超越职权的行为，以上处罚应由工商行政管理部门进行，人民法院应判决撤销。

（二）民事诉讼

民事诉讼是指法院在当事人和其他诉讼参与人的参加下，以审理、判决、执行等方式解决民事纠纷的活动，以及由这些活动产生的各种诉讼关系的总和。民事诉讼动态地表现为法院、当事人及其他诉讼参与人进行的各种诉讼活动，静态地则表现为在诉讼活动中产生的诉讼关系。

以案学法

齐某与陈某均系某中学 2015 届应届高中毕业生，陈某在 2015 年高等专科职业院校自主考试时成绩不合格，失去了升学资格。齐某则通过了自主考试，考试成绩为 487 分，超过了录取分数线。后来某职业学院发出了录取齐某为该校 2015 级财会专业学生的通知书，陈某从某中学领取了该通知后即以齐某的名义进入某职业学院就读。目前，陈某在其工作单位的人事档案中的姓名为"齐某"，工资单名字仍为"齐某"，"陈某"为其户籍中使用的姓名。齐某经过复读，后就读于某中专技校，自 2018 年 7 月，有相当一段时间在家待业。后齐某知道事实后，以其受教育权被侵犯为由，起诉到法院。要求某中学和陈某赔偿损失。

学法：

根据本案事实，陈某以侵犯齐某姓名权的手段，侵犯了齐某依据宪法规定所享有的受教育的基本权利，并造成了具体的损害后果，应承担相应的民事责任。故本案齐某是原告，陈某作为侵权人，是本案被告，应承担侵权损害赔偿的民事责任。

第二节　证据与证明

证据是认定案件事实的依据，是进行调解与诉讼活动的核心与灵魂。证据必须具备客观性、合法性与相关性。证明是根据确认的证据材料判明案件事实真实性的活动，重点是审查核实判断证据，运用证据查明案件事实。

一、 证据

证据是指用以证明发生纠纷的各类事实材料。我国相关法律规定的证据主要有当事人陈述、书证、物证、视听资料、电子数据、证人证言、鉴定意见和勘验笔录等形式。

（1）当事人陈述，是指当事人在诉讼中就有关案件的事实情况向人民法院所作的陈述。

（2）书证，是指以文字、符号、图画等所记载的内容或表达的思想证明案件事实的证据，如合同书、借据、欠条等。

（3）物证，是指以其物质属性、外部特征及存在状况等证明待证事实的物品或痕迹。

（4）视听资料，是指以电影胶片、电子计算机、移动硬盘或其他高科技设备储存的信息作为证明案件待证事实的证据。

（5）电子数据，是指通过电子邮件、电子数据交换、网上聊天记录、博客、微博、手机短信、微信、电子签名、域名等形成或者存储在电子介质中的信息。

（6）证人证言，是指证人在诉讼过程中以口头或书面形式，就其所了解的案件情况向人民法院所作的陈述。

（7）鉴定意见，是指具备资格的鉴定人运用专业知识、专门技术对案件中出现的专门性问题进行分析、鉴别、判断后作出的书面意见。诉讼中的鉴定主要有文书鉴定、医学鉴定、工程质量鉴定、会计鉴定等。

（8）勘验笔录，是指人民法院审判人员为了查明案情，对与争议有关的现场或者物品进行勘查检验后所作的笔录。

我国相关法律法规规定，以侵害他人合法权益或者违反法律禁止性规定的方法取得的证据，不能作为认定案件事实的依据。

**以案学法**

　　王某为开办一家公司，向李某借款3万元，双方签订了一份借款协议，约定：李某以现金方式借给王某3万元，2013年12月30日前交付现金，2014年10月底前王某归还全部本息。2014年11月15日，李某向当地法院起诉，请求判令王某归还3万元本息，并向法院提交了借款协议和一张借款收据。诉讼过程中，王某对借款协议没有异议，但否认借款的事实，声称根本没有出具借条，李某提供的借条系伪造。法院在双方当事人在场的情况下提取借条，委托鉴定部门鉴定，确定借条上的签名系冒签，不是王某本人所签。本案的借款协议在证明案件事实时是哪一种证据？是否可以作为证明借款事实的唯一定案根据？借条在证明借款事实时属于哪一种证据？

　　学法：

　　借款协议在认定案件事实时属于书证，因为借款协议是以其内容证明案件事实的。但是，在证明借款事实时，借款协议不能作为唯一的定案根据，因为它只能证明借款事实可能发生，而不能证明借款事实一定发生。本案借条在证明案件事实时应当属于物证，而不是书证；因为该借条证明的是借款事实的途径而不是其内容，其证明的是借条上的签名是否为王某所写。

二、　证明

　　证明是人民法院、诉讼参加人及证人、鉴定人等诉讼参与人，依照法定程序，提供收集证据，审查核实判断证据，运用证据查明民事案件事实的诉讼活动。

（一）证明对象

　　证明对象是指需要由证明主体借助证据查明的案件事实，亦称待证事实。诉讼中的证明对象包括：① 法律关系产生、变更和消灭的事实；② 争议发生过程的事实；③ 诉讼程序事实；④ 有关外国的法律法规事实。

下列事实，当事人无须举证证明：① 自然规律以及定理、定律；② 众所周知的事实；③ 根据法律规定推定的事实；④ 根据已知的事实和日常生活经验法则推定出的另一事实；⑤ 已为人民法院发生法律效力的裁判所确认的事实；⑥ 已为仲裁机构生效裁决所确认的事实；⑦ 已为有效公证文书所证明的事实。其中，第 ② 项至第 ④ 项规定的事实，当事人有相反证据足以反驳的除外；第 ⑤ 项至第 ⑦ 项规定的事实，当事人有相反证据足以推翻的除外。

以案学法

刘某因经营饭店生意，曾多次向王某借款。2015 年 11 月 7 日，刘某在归还王某部分本息后，双方经结算，刘某尚欠王某 8 500 元，于是，刘某给王某出具了一张 8 500 元的欠条。后双方发生纠纷，三某将刘某诉至人民法院，要求刘某偿还欠款 8 500 元。诉讼中，刘某称其只欠王某 5 000 元，因为其已于 2016 年 5 月 18 日归还 3 500 元，且王某在欠条的右下角处作了注明。对于刘某的辩称，王某予以否认，并当庭出示了一张长 18 厘米、宽 14 厘米，右下角严重缺损的欠条。刘某在质证时，称王某对欠条做了手脚，已将欠条右下角不利于自己的内容撕掉。法庭经过对该欠条的审查，发现欠条有几条明显的折痕，右下角缺损面积约占欠条的四分之一，缺损部分为不规则的长方形，长 9 厘米、宽 5.5 厘米，欠条上的字迹清晰可辨，除缺损边缘毛糙外，其他地方均保持完好，没有被汗水侵蚀的迹象。王某对缺损欠条的解释：由于刘某迟迟不还款，他将欠条折叠后长期装在衣服的口袋中以便随时催讨，导致欠条被汗水侵蚀而缺损。

法院审理查明：欠条的持有人在保存欠条时，应尽到妥善保管的注意义务。王某所持欠条除缺损部分外，其他地方基本保持完好，且欠条上的字迹清晰可辨，按照生活常识，欠条折叠后放在衣服口袋中，有汗水侵蚀也只能慢慢地渗透，或使欠条变色霉烂，或使欠条纸张缩皱，字迹模糊不清，而王某对欠条缺损原因的解释有悖于生活常理，与欠条没有被汗水侵蚀迹象的事实不符，因此，王某的解释理由没有说服力，令人难以置信，王某应承担本案的不利后果。于是，法院采纳了刘某的主张，判决刘某偿还王某现金5 000元。

学法：

本案是一个特殊的民事案件，对于刘某主张的案件事实，不适用我国《民事诉讼法》"谁主张，谁举证"的一般证据规则，而应适用日常生活经验法则予以认定。所谓日常生活经验，其含义是指法官在其日常生活中认识和领悟的客观事物的必然联系或一般规律，具有普遍公认或不证自明的性质。日常生活经验法则具有以下基本特征：第一，它是一种客观意义上的普通知识，作为基本常识而为公众普遍认可；第二，它是法官对一般生活经验加以提炼而作为认定待证事实的根据。《最高人民法院关于民事诉讼证据的若干规定》第六十四条规定，审判人员应当依照法定程序，全面、客观地审核证据，依据法律的规定，遵循法官职业道德，运用逻辑推理和日常生活经验，对证据有无证明力和证明力大小独立进行判断，并公开判断的理由和结果。这是以司法解释的方式明确规定以经验法则评判证据价值和认定案件事实。

资料来源：杨慧，杨志平. 持有人对欠条保存不完整承担不利后果［N］. 人民法院报，2006-12-20.

（二）证明责任

证明责任又称举证责任，是指当事人在诉讼中，对自己的主张负有提出证据加以证明且在无法证明时要承担败诉的责任。

1. 民事诉讼的举证责任

民事诉讼适用"谁主张、谁举证"的原则。但根据《最高人民法院关于民事诉讼证据若干规定》的司法解释，下列侵权诉讼，按照以下规定承担举证责任：① 因新产品制造方法发明专利引起的专利侵权诉讼，由制造同样产品的单位或者个人对其产品制造方法不同于专利方法承担举证责任；② 高度危险作业致人损害的侵权诉讼，由加害人就受害人故意造成损害的事实承担举证责任；③ 因环境污染引起的损害赔偿诉讼，由加害人就法律规定的免责事由及其行为与损害结果之间不存在因果关系承担举证责任；④ 建筑物或者其他设施以及建筑物上的搁置物、悬挂物发生倒塌、脱落、坠落致人损害的侵权诉讼，由所有人或者管理人对其无过错承担举证责任；⑤ 饲养动物致人损害的侵权诉讼，由动物饲养人或者管理人就受害人有过错或者第三人有过错承担举证责任；⑥ 因有缺陷的产品致人损害的侵权诉讼，由产品的生产者就法律规定的免责事由承担举证责任；⑦ 因共同危险行为致人损害的侵权诉讼，由实施危险行为的人就其行为与损害结果之间不存在因果关系承担举证责任；⑧ 因医疗行为引起的侵权诉讼，由医疗机构就医疗行为与损害结果之间不存在因果关系及不存在医疗过错承担举证责任。

以案学法

某日下午，马某带着5岁的女儿马小某到某市儿童公园游玩。下午4时许，马小某见公园西边有一部滑梯，便跑过去攀登，在接近滑梯顶部约5米高的阶梯时，因阶梯之间的间隔过大，马小某从阶梯间隔处坠地，造成多发性开放粉碎性颅骨骨折，脑内血肿，经送往某省医学院附属医院抢救无效，于第二天上午11时30分死亡。共花医药费数万元。现马某向法院起诉，要求某市儿童公园赔偿各种损失共计数十万元。请问：本诉讼案中，应当由谁承担举证责任？诉讼中应当证明哪些事实？

学法：

本案涉及民事诉讼证明责任的承担及证明对象的范围。对于民事诉讼证明责任的承担，《民事诉讼法》第六十四条作了原则规定，当事人对自己提出的主张，有责任提供证据。《最高人民法院关于民事诉讼证据的若干规定》的第二条规定，当事人对自己提出的诉讼请求所依据的事实或者反驳对方诉讼请求所依据的事实有责任提供证据加以证明。第四条还规定，建筑物或者其他设施以及建筑物上的搁置物、悬挂物发生倒塌、脱落、坠落致人损害的侵权诉讼，由所有人或者管理人对其无过错承担举证责任。

本案属于建筑物建设缺陷引起的诉讼，因此在被告方有无过错的问题上采用举证责任的倒置。被告某市儿童公园承担对自己没有过错的证明责任。本案中，被告应就其园内滑梯的建设没有缺陷承担举证责任。根据《民事诉讼法》第六十四条的规定，当事人对自己提出的主张，有责任提供证据。马某作为原告向法院起诉，要求被告某市儿童公园赔偿损失，自然应当对受到损害的事实加以证明，即马某应当对受到损害的事实承担举证责任。本案诉讼中应当证明的事实有：原告有损害的事实、原告的损害是在攀登被告设置的滑梯过程中造成的、被告滑梯的建设有无缺陷、原告马某与其女儿有无过错。

2. 行政诉讼的举证责任

行政诉讼由被告对作出的行政行为承担举证责任，被告应当提供作出该行政行为的证据和所依据的规范性文件。被告不提供或者无正当理由逾期提供证据，视为没有相应证据。但是，被诉行政行为涉及第三人合法权益，第三人提供证据的除外。

原告或者第三人提出了其在行政处理程序中没有提出的理由或者证据的，经人民法院准许，被告可以补充证据。原告可以提供证明行政行为违法的证据。原告提供的证据不成立的，不免除被告的举证责任。

在起诉被告不履行法定职责的案件中，原告应当提供其向被告提出申请的证据。但有下列情形之一的除外：① 被告应当依职权主动履行法定职责的；② 原告因正当理由不能提供证据的。在行政赔偿、补偿的案件中，原告应当对行政行为造成的损害提供证据。因被告的原因导致原告无法举证的，由被告承担举证责任。

以案学法

某市卫生局2名执法人员到张某经营的饭店检查，当场发现了变质的食品，经进一步检查还发现了该饭店许多方面不符合卫生标准，执法人员当场制作了笔录并作出了罚款的处罚决定。张某承认存在变质的食品、违反卫生标准的事实，愿意接受处罚并当场交纳罚款，但拒绝在笔录上签名。执法人员鉴于张某态度较好，就没有再要求张某签名，只是自己在笔录上签字，也没有请求在场的顾客签字证明。第二天，张某到法院起诉，声称市卫生局滥用职权乱罚款，请求法院撤销市卫生局的处罚决定并退还罚款。诉讼过程中，市卫生局提供了2名执法人员制作的笔录，但张某否认。请问：本案中，市卫生局提供的执法人员制作的笔录是什么证据？能否作为定案的根据？

学法：

执法人员制作的笔录是现场笔录，所谓现场笔录是指行政执法人员在实施处理决定过程中当场制作的记载现场情况的笔录。本案执法人员制作的笔录符合现场笔录的特征。但该现场笔录不能作为定案的根据，因为该现场笔录没有当事人张某的签名，也没有在场证人的签名，形式上存在问题，不符合笔录制作的要求，没有证据资格。

（三）证据的收集

1. 民事诉讼证据的收集

民事诉讼证据由当事人及其诉讼代理人收集。但我国《民事诉讼法》第六十四条第二款规定，当事人及其诉讼代理人因客观原因不能自行收集的证据，或者人民法院认为审理案件需要的证据，人民法院应当调查收集。《民事诉讼法》相关司法解释规定，人民法院认为审理案件需要的证据包括：① 涉及可能损害国家利益、社会公共利益的；② 涉及身份关系的；③ 涉及《民事诉讼法》第五十五条规定的污染环境、侵害众多消费者合法权益等损害社会公共利益诉讼的；④ 当事人有恶意串通损害他人合法权益可能的；⑤ 涉及依职权追加当事人、中止诉讼、终结诉讼、回避等程序性事项的。除上述情形外，人民法院调查收集证据，应当依当事人的申请进行。

2. 行政诉讼证据的收集

在行政诉讼过程中，被告及其诉讼代理人不得自行向原告、第三人和证人收集证据。

被告在作出行政行为时已经收集了证据，但因不可抗力等正当事由不能提供的，经人民法院准许，可以延期提供。

人民法院有权向有关行政机关以及其他组织、公民调取证据。但是，不得为证明行政行为的合法性调取被告作出行政行为时未收集的证据。

与本案有关的下列证据，原告或者第三人不能自行收集的，可以申请由人民法院调取：① 由国家机关保存而须由人民法院调取的证据；② 涉及国家秘密、商业秘密和个人隐私的证据；③ 确因客观原因不能自行收集的其他证据。

（四）证据保全与认定

在证据可能灭失或者以后难以取得的情况下，当事人可以在诉讼过程中向人民法院申请保全证据，人民法院也可以主动采取保全措施。因情况紧急，在证据可能灭失或者以后难以取得的情况下，利害关系人可以在提起诉讼或者申请仲裁前向证据所在地、被申请人住所地或者对案件有管辖权的人民法院申请保全证据。

证据应当在法庭上出示，并由当事人互相质证。对涉及国家秘密、商业秘密和个人隐私的证据，不得在公开开庭时出示。

人民法院应当按照法定程序，全面、客观地审查核实证据。对未采纳的证据应当在裁判文书中说明理由。以非法手段取得的证据，不得作为认定案件事实的根据。

以案学法

李某在某公司购买一辆车时，因提车需要购买车辆保险（商业险和交强险），2017年8月9日5时许，李某向该公司业务员转账5 500元，对方提供的是一个QQ邮箱形式的支付宝账号，由于疏忽，李某输错了数字，误将5 500元转到了一个陌生人的账户。随后，李某立即与对方在QQ和阿里旺旺上取得联系，希望对方能尽快归还这5 500元。但对方没有回应。无奈之下，李某查到这名陌生人位于南阳市，遂向其所在城区的法院提起了诉讼。法院审理后认为，本案被告没有合法根据而获得5 500元，使原告李某遭受损失，符合不当得利的特征。为此，法院判决被告返还原告5 500元。

学法：

当使用支付宝、微信等软件转账出现错误时，可以积极与对方协商，协商不成，可以到法院以民事纠纷提起诉讼。起诉的法律依据是我国《民法通则》第九十二条的规定，因收到错误转账拒不归还的行为构成不当得利，收款人负有全额返还的义务。最高人民法院相关司法解释还规定，返还的不当利益应当包括原物和原物所生的孳息，即在追回全额钱款的同时，当事人还可以请求一并返还产生的利息。如因配合返还而产生的交通费、误工费、手续费等必要费用，也可向相对人主张。要特别注意的是，按照相关法律规定，不当得利纠纷的管辖法院是被告住所地，即要到被告户籍所在地或经常居住地法院起诉。

根据我国《民事诉讼法》的相关规定，提起民事诉讼，需要在起诉状中写明被告的姓名、性别、工作单位、住所等信息。如果是微信转账，是需要先添加对方为好友才能成功转账，所以对方的基本信息原告应该是清楚的，特别是许多微信与联系方式是相互绑定的。如果是支付宝转账，可以联系客服请求帮助。如果仍无法获取对方信息，可求助于专业律师或报警。

需要特别注意的是，当事人应当保存好相关证据，如转账凭证、报案回执、对方身份信息等。如果涉及金额较大，为防止对方挪用或挥霍，可向法院申请诉前财产保全，冻结对方账户，以保障财产安全和最大化减少损失。

第三节　纠纷解决的原则与技巧

在社会生活中，人们难免会发生各种纠纷，纠纷若不能妥善解决，不仅会损害当事人的合法权益，而且可能波及第三者甚至影响社会的安定。因此，重视纠纷的解决并掌握纠纷解决的原则与技巧具有重要的意义。

一、　纠纷解决的原则

（一）说服疏导原则

说服疏导是一种实事求是、以理服人、讲求实效的解决农村纠纷的方法。为防止因社会矛盾激化而导致违法犯罪的产生或酿成群体性治安事件，首先要进行说服疏导。说服就是通过正面教育、思想感化，摆事实、讲道理，耐心地进行规劝和教育。疏导，即疏通引导，广开言路，循循善诱，使之开通思想。对纠纷的化解首先要进行说服疏导，这是因为农村的纠纷大多属于思想认识问题，是人民内部矛盾，不宜采用压服的办法把问题堵回去，只能通过疏通引导，教育感化，解决问题，缓解矛盾。调处人员要通过深入细致的思想工作，宣传法律政策，讲明道理，晓以利害，对群众反映的问题，在不违背法律、政策的前提下，应采取认真的态度，切实加以解决。对不能立即解决的问题，也要向群众解释清楚，讲明解决方法，消除群众的对抗情绪，争取群众的理解和支持，从而把群众引导到遵守国家法律、政策，正确对待现实，理解并支持党和政府的工作上来。

（二）倡导和解原则

倡导和解是指当事人在自愿互谅的基础上，就已经发生的争议进行协商并达成协议，自行解决争议的一种方式。倡导用和解的办法解决争议，并预防争议的发生。诉讼前的和解，是指在发生诉讼以前，双方当事人互相协商达成协议，解决双方的争议。这是一种民事法律行为，是当事人依法处分自己民事实体权利的表现。和解成立后，当事人所争议的权利即归确定，所抛弃的权利随即消失。和解一经成立，当事人不得任意反悔要求撤销。诉讼中的和解是当事人在诉讼进行中互相协商，达成协议，解决双方的争议。这种和解不问诉讼程序进行得如何，凡在法院作出判决前，当事人都可进行。可以就整个诉讼标的达成协议，也可就诉讼上的个别问题达成协议。诉讼中的和解协议经法院审查批准，当事人签名盖章，即发生效力，结束诉讼程序的全部或一部分。结束全部程序的，即视为当事人撤销诉讼。自行和解是当事人一项重要的诉讼权利，当事人可以在诉讼的任何阶段进行和解；在执行程序中，还可以自行和解。达成协议的，执行员将协议内容记入笔录，由双方当事人签名或者盖章。

（三）优先调解原则

调解是指在有关机构主持下，以国家法律、法规、规章和社会公德规范为依据，对民间纠纷双方当事人进行调解、劝说，促使他们互相谅解、平等协商，自愿达成协议，消除纷争。调解是及时、便捷地解决民间纠纷、建设和谐乡村的重要手段。因此，处理民间纠纷首先要采用调解的方式进行化解。

根据调解机构的不同，调解分为人民调解、行政调解和司法调解等。人民调解是重要的诉讼外调解，被称为"东方经验"。人民调解是在人民调解委员会主持下，依据法律、政策和社会公德，对民间纠纷进行规劝疏导，促使当事人互谅互让解决纠纷的群众自治活动。行政调解是国家行政机关处理行政纠纷的一种方法。司法调解是当事人双方在人民法院法官的主持下，通过处分自己的权益来解决纠纷的一种重要方式。调解必须在当事人平等自愿的基础上进行，不得强迫。必须依据法律、法规、规章和政策进行，法律、法规、规章和政策没有明确规定的，依据社会主义道德进行。调解的结果和当事人权利义务的确定，不得违背法律、政策和道德的要求，不能用本地的"土政策"代替法律，也不能在法律与情理发生抵触的时候违背法律的规定，无原则地求得纠纷的平息。

（四）尊重当事人诉讼权利原则

在调处纠纷的过程中，调处人员要尊重纠纷当事人的诉讼权利。当事人有权向人民法院提起诉讼，不得因未经调处而限制其诉讼权利。调处是出于当事人双方的自愿，而不是诉讼的必经程序，不得因未调处或调处不成，阻止当事人向人民法院起诉。在调处民间纠纷的过程中，当事人在任何时候、以任何理由都可以中断调处，向人民法院提起诉讼。经调解达成协议的纠纷，当事人仍然有权利提起诉讼，请求人民法院对纠纷及其协议予以裁判。例如，有的调解协议注明"双方不得以任何理由提起诉讼"，这一条因违反法律强制性规定而无效。当然，当事人也负有履行人民调解协议的法定义务，不得随意反悔。当事人不履行调解协议的，对方当事人可以人民调解协议起诉。一方当事人以原纠纷起诉的，另一方当事人可以人民调解协议抗辩。

（五）当事人地位平等原则

在调处民间纠纷时，调处人员要注意当事人的地位一律平等。任何纠纷的当事人，不分民族、种族、职业、文化程度、社会出身、政治面貌、财产状况、宗教信仰等，在调处时，应一视同仁。表现为一是纠纷当事人在调处全过程中享受的权利完全平等，二是调处人员必须平等地对待任何一方当事人，不得有任何偏袒。

（六）以事实为依据、以法律为准绳原则

以事实为依据、以法律为准绳是诉讼必须遵循的法定基本原则，民事纠纷调处活动也必须遵循这一原则。在调处纠纷的过程中，有关部门不能超越法律法规的限度，为及早平息纠纷而答应另一方当事人的无理要求，否则会为以后处理类似纠纷带来极大的隐患。应在法律许可的限度内，合情合理地解决纠纷。在解决纠纷的整个过程中，都要严格遵守有关法律、法规，不能感情用事，坚决杜绝任何侵犯公民合法权益的非法行为。在调处中，必要时需要调处人员劝说双方当事

人互谅互让，以达成协议，但这种谅解与让步只能在法律规定的范围内作出，不能违背法律，不得显失公平，不得损害国家、集体、他人的合法权益。例如，当事人在协议中对物权的处分，必须要查明其是否享有处分权，这种处分的行为是否会给他人的权益造成损害，不能凭当事人双方的确认就随意进行处分。

二、 纠纷解决的技巧

面对民事纠纷的调处工作，需要调处人员具有良好的思维能力、判断能力和语言表达能力，同时还需要调处人员具有公正、公平、平等、坦荡无私、刚直不阿、忠实于事实和法律的人格力量，这样才能赢得当事人的尊敬和信任，也有助于调处工作的有效进行。当然，在解决纠纷的过程中，有关部门也应加强法制宣传教育，引导纠纷双方群众通过法律途径向人民法院提起民事诉讼或通过仲裁等法律手段依法解决纠纷。做好民事纠纷的调处工作，还需要掌握调处的技巧，这些技巧需要在实践中不断地总结，以更好地发挥民事纠纷调解的优越性。在调处纠纷实践中，调处技巧主要有以下几点。

（一）焦点说服法

焦点说服法是指调处人员要能够确认纠纷当事人双方争议的焦点，并抓住双方各自内心的焦点，有针对性地对双方当事人的错误态度和认识进行有的放矢的说服方法。在展开说服以前，调处人员应当对当事人的需求、动机、情感、意志等尽量地进行了解，剖析当事人形成错误认识的原因，抓住问题的焦点进行说服。在说服过程中，调处人员必须实事求是，对当事人所坚持的错误认识要晓以利害，运用事实和法律依据准确地阐明利弊关系，推动当事人态度的转变。在查明纠纷双方的焦点问题时，调处人员要充分开展调查研究，找准问题的症结。正确的判断，来源于正确的分析，而正确的分析，又依赖于翔实的第一手资料。充分的调查研究，就是要深入基层，沉到底、钻进去，通过现场查看，走访当事人、村干部、邻居及相关群众，掌握引起纠纷的第一手材料，并善于从纷繁、零乱、庞杂的调查材料中去粗取精、去伪存真，透过现象看本质，弄清纠纷的来龙去脉，摸清当事人双方的真实意图，找准问题关键，找到纠纷解决的切入点，有针对性地解决纠纷。

（二）心理平衡法

心理平衡法是指在处理民间纠纷时，调处人员应尽量让双方当事人获得心理平衡。心理平衡是人们追求公正、合理的心理在获得满足时的一种心理状态。一旦当事人心理平衡了，一般会表现出积极的态度；如果当事人心理不平衡，往往会萌发如何来满足这种心理追求的动机，并作出相应的行为反应。如果是在心理不平衡的情况下勉强达成调解协议，许多人都会反悔或不履行协议，导致调解最终无果。而当事人的心理能否获得平衡受到各种因素的影响，从主观方面要受到自身需要、法律意识、道德观、价值观等的影响；客观方面要受到对方当事人的态度和行为表现、调解人员的劝说、疏导方式方法以及社会风气等因素的影响。因此，调处人员应当重视心理效果的运用，在调处工作中自觉地调整自己的调处思路和方法。

（三）拉近情感法

拉近情感法是指在调处纠纷时，要善于利用各种关系，拉近与当事人的情感距离。调处人员在劝说、引导当事人转变态度之前，向对方表示自己与其在性别、民族、职业、经历、身份、个性、认识等方面具有相同或近似之处，这样可以使对方缩短与调处人员之间的心理差距，削弱或消除心理障碍，引发对方的认同感，营造一个平等和谐的氛围，把调处人员当作可以信任的人，愿意接受劝说和引导。如果调处人员单纯地只强调纠纷双方的对错责任，把自己置于当事人之上，那么当事人是难以听得进去任何劝说的，因为当事人没有得到其心理上需要的一种信任，自然也就不会转变态度，甚至不会把心里的原始状态呈现出来，所以这种氛围下的调处工作大多是无法成功的。比如，在农村宅基地纠纷处理中，大多数因历史遗留问题，导致久拖未决。双方当事人在长时间无休止的争强、斗气中，往往积怨颇深，在调处工作中，当事人常常会把调处人员视为对立面，或强词夺理，或胡搅蛮缠，或歪曲事实，或以偏概全，甚至拒不配合。遇到这种情况，调处人员要做到不急不躁，要善于通过当事人的亲戚、同学、朋友、单位领导等各种社会关系进行协调和沟通。

（四）适度用法法

适度用法法是指适当地运用法律，营造解决纠纷的氛围。例如，在农村宅基地纠纷处理中，首先要对当事人双方宅基地的合法性进行审查，这是调解的基础，也是调解成功的保障。在农村宅基地纠纷的调处过程中，适时、适度地运用法律的武器，可以营造良好的调处氛围。面对当事人提出的许多不适当要求和不切实际的愿望，调处人员既不能充当老好人，各打五十大板，又不能一味迁就和纵容那种极端个人主义思想的蔓延，要学会运用法律的武器，适时指出当事人主观意愿的不合理性或违法性以及将会造成的严重后果，促使其幡然醒悟，恢复理智，并引导其权衡利弊，抛弃幻想，以正确的心态对待争议的问题。要注意的是，在调解过程中利用法律的武器，要把握好时机、场合和度，避免矛盾激化，造成工作被动的局面。

（五）"四心"运用法

在调处民间纠纷的过程中，调处人员应具备基本的思想素质，要坚持做到"四心"，即耐心、诚心、公心、责任心。一是耐心。由于农村纠纷的尖锐性、复杂性以及处理过程中表现出来的矛盾对立性、多变性，调处人员常常要面对当事人或者个别不明事理群众的围攻、羞辱，甚至是责骂。有的当事人，当面一套、背后一套，言而无信，反复无常，着实令人生气。出现这种情况，调处人员要有耐心，要使发热的头脑冷静下来，须知人的思想转变需要一个过程，欲速则不达，火上浇油，只能适得其反。二是诚心。调解的过程，又是彼此思想感情交流的过程，调处人员的态度客观上能影响和决定当事人的态度，能否使当事人主动配合调处人员的工作，很大程度上取决于调处人员对待老百姓的真挚感情，俗话说：

"人心换人心，八两换半斤"，可见，诚心能融化心灵的坚冰，诚心能换来真诚和敬慕。三是公心。公心者，公道正派也，我们做调解工作的同志，应时刻牢记"权为民所用，利为民所谋"的道理。在调处工作中，我们既不能讲情面，又不能见利忘义，须知"公生明，廉生威"。一旦离开了公心这个为政、做人的根本，即使工作方法再多，调解技巧再高，也是枉然。四是责任心。我们要急群众之所急、想群众之所想，以群众利益为最高追求，全心全意地为人民服务。

（六）正反论证法

在进行引导、劝说的过程中，调处人员需要通过论证自己的观点来改变对方的态度。调处人员可以根据自己所掌握的案件事实，归纳出当事人争议的核心问题，然后有针对性地提出自己对争议核心的观点，并通过论证该观点的成立，使当事人接受该观点，从而改变原有的态度。这种调处人员自己来论证观点的方法，可以只进行正面论证而不提及反面论点，也可以既谈正面观点又谈反面观点。在调处中，调处人员应该使用哪种方法才会对转变当事人的态度产生最佳效果，不可一概而论，应该视情况选用：一是视当事人的受教育程度的高低而定；二是视当事人所持态度而定。当事人受教育程度越高，其态度转变受单面论证的影响就越小，而两面论证法把反面论点逐一加以陈述，并逐一驳斥，这样容易使当事人认为调处人员看待问题是客观、全面、实事求是的，因此能够被当事人所接受。如果调处人员回避反面论点，当事人可能推测调处人员不是无理反驳反面观点就是有偏见，从而降低对调处人员劝说话语的可信度。但过多地谈及相反论点，又无充分的反驳，会使当事人理解为调处人员在暗示这个问题仍然属于有争议的问题，反而会妨碍当事人态度的转变。如果当事人受教育程度低，则不容易理解相反观点的存在，调处人员如列举出相反观点，可能使其迷惑不解，而不利于调处的成功，所以，对于受教育程度低的当事人来说，一般宜用单面论证法。如果当事人所持态度与调处人员劝说、引导的意向一致时，用单面论证法的效果比两面论证法的效果更好；如果当事人所持的态度与劝说、引导的意向不一致时，用两面论证法的效果比单面论证法的效果更好。

（七）权威劝说法

权威是指使人信从的力量和威望，或者在某种范围内最有地位的人或事物。运用心理学权威效应原理转变当事人态度的方法，就叫权威劝说法。在日常生活中，权威效应的运用比较广泛，如生产者请具有权威性的科研机构、专家权威人士、专门组织，对自己的产品性能、质量进行鉴定，并将鉴定书纳入广告，从而使更多的消费者接受。在调处中，调处人员可以运用权威效应转变当事人的态度，只要有法律规定的，要引用法律规定，根据案情列举案例，通过调处人员对法律规定的释疑、准确定义，以有权威性的说服力使当事人转变态度。此外，对一些案件中涉及专业性问题的情况，可以邀请权威人士参与调解，或请专门机构对一些专门性问题进行鉴定，引经据典地劝说当事人转变态度。

案例导读评析

本案的争议焦点为陆某是否向王某实际交付了 6.6 万元的借款。《最高人民法院关于民事诉讼证据的若干规定》的第二条规定，当事人对自己提出的诉讼请求所依据的事实或者反驳对方诉讼请求所依据的事实有责任提供证据加以证明。没有证据或者证据不足以证明当事人的事实主张的，由负有举证责任的当事人承担不利后果。同时，第五条规定，在合同纠纷案件中，主张合同关系成立并生效的一方当事人对合同订立和生效的事实承担举证责任。本案中，陆某向王某分 3 次支付小额借款，王某向陆某出具借条，符合民间借贷正常交易习惯，王某在借条上特地明确载明"今借到"，且在出具借条一个多月后，归还陆某 5 000 元。对此，王某虽然主张其未收到案涉借条中载明的借款，但其未能合理解释为何在未收到借款的情况下即出具借条以及为何未收回借条，同时其称所还的 5 000 元借款是偿还以前的借款，也未能举证证明，故应当认定双方民间借贷关系成立有效，王某应归还陆某借款本金6.1万元。

民间借贷合同是否成立，出借人应当对双方存在借贷合意、出借人已经交付款项两个要件事实承担举证责任。一般而言，借条是当事人之间成立借款合同法律关系最有效的证明。本案中，借款人王某向出借人陆某出具了6.6万元的借条，表明其认可双方之间成立了借款合同法律关系，其在借条中又明确载明"今借到"，表明其认可已经收到了所借款项，除非其有相反证据予以推翻。王某抗辩其所还的5 000元是偿还以前的借款，应当提供证据证明，但其未能举证证明双方存在其他的资金往来关系，故该5 000元应当认定是归还的本案借款，从而进一步佐证了案涉借款属实，故王某应当承担还款责任。在民间借贷纠纷中，借款人主张虽出具借条但未实际收到款项极为常见。为了避免诉讼风险，如出借人确实以现金支付的，可要求借款人在借条用"今收到某某出借的现金多少元"来叙述，以更加强调款项已经实际交付。对金额较大的借款，最好采用银行转账方式，并保留好银行转账凭证，以免嗣后发生诉讼时就是否实际交付款项发生争议。

思考与练习

1. 请结合本章所学知识，分析本案民事诉讼中的证明对象有哪些？张某需要证明哪些事实？

某市居民张某在本市某商亭购买一箱啤酒招待朋友。在开启第三瓶啤酒时，该啤酒瓶突然爆炸，玻璃碎片当场将张某的眼睛严重击伤，其朋友李某、王某及其子张小某的脸部也受了伤。张某的家人很快将他们送往医院进行治疗，并迅速到出售啤酒的某商亭交涉。张某因伤住院半个月，花费1万多元医疗费，其朋友李某、王某、其子张小某也各花费了医疗费数百元不等，一个月后，张某到人民法院起诉，要求侵权者某商亭赔偿所有损失。

2. 请结合案件事实证据，分析原告刘某的证据是否能充分证明诉讼请求。

刘某为南通开发区某钢丝绳厂业主。2010 年 12 月 30 日，因扩大生产规模需要，经中间人吴某介绍，刘某向杜某借款 50 万元。经协商，双方签订了借款协议，约定月息 1 分，借期三个月，并由刘某父母提供一处私有房产作为抵押。三个月借款期限到了，刘某一直未来还款。于是，杜某打电话提醒刘某，不料刘某竟称没有收到借款。愤怒之下，杜某将刘某及其父母一起诉至法院，请求判决刘某偿还借款及利息共计 51.75 万元，并由其父母承担连带清偿责任。

在法庭上，刘某辩称，双方虽然签订借款协议，但后来双方因利息产生争议，实际上借款协议并没有履行。杜某则出示了借款协议书、刘某抵押在其处的房产证，并申请三名证人出庭作证，其中两名证人证明当场见证了刘某收款的全过程，另一名证人则证实其在收到刘某 10 万元还款后，偶然得知刘某向杜某借款 50 万元的事实。同时，杜某还出具了银行清单以证明 50 万元借款的来源。庭审中，杜某提出申请，对其与刘某进行测谎鉴定，刘某以害怕测谎过程中被杜某殴打为由予以拒绝。

3. 请根据下面的调解过程，分析其所采用的纠纷调解方法。

某村发生一起生命权纠纷。农民刘某跟随包工头贺某去给张某新房顶上板，因工程量不大，经贺某与张某口头约定，不包工，实行天工计酬，管饭，每天大工 130 元，小工 70 元，由贺某带人来干。贺某负责派活、指挥、总工，结算后张某把工钱给贺某，由贺某向工人发放。工程进行到第七天该上板了，早饭后，吊车还未到，工人都没有上班，贺某也没有向任何人派活，不知怎么回事，刘某从房顶上掉下来摔死了，干活的八个工人和张某全家没有任何人看见刘某是怎样掉下来的。刘某死后，其家属说："刘某是跟随贺某干活死的，贺某应该赔偿。"贺某说："刘某与我都是去给张某干活的，实行的是天工，不是包工，张某应该赔偿。"张某说："刘某是贺某带来的，我没叫刘某来干活，那天没有人给刘某派活，他到房顶上去时，没人知道他要去做什么，几十岁的人了不知道防身，他的死也怨他自己。"在三方激烈争辩的情况下，当地司法所调处人员查清了贺某在上板工程中的身份，并向三方当事人讲明了《侵权责任法》中关于个人因劳务受到伤害产生的责任主体的规定，又阐明了最高人民法院相关司法解释中关于雇员在雇佣活动中遭受人身损害的责任的规定和《民法通则》关于混合过错的规定。通过讲法，使当事人认识到张某对工人实行天工计酬，与刘某之间应属于雇佣关系，张某应当承担雇主责任。贺某虽然不是工程承包者，但根据在上板工程中担任的施工任务与所处的位置，其与刘某之间应属于间接雇佣关系，应承担相应的责任。刘某死亡虽未经派活，但是在施工场所死亡的，没有证据证明刘某不是在从事雇佣活动。可是，刘某作为成年人，上房顶通常是应该预见并能够采取措施避免损害发生的，而刘某因疏忽大意等原因没有预见并采取措施，因自己的过失致自己受到损害，原则上亦应由自己承担该项损害的责任。通过明法析理，张某承担60%的责任，贺某承担20%的责任，经过两天的协商，三方达成了赔偿协议。

参考文献

［1］ 佚名 . 如何完善多元化纠纷解决机制［EB/OL］.［2016－10－28］. https：//
zhidao. baidu. com/question/436079882019334364. html.

［2］ 佚名 . 多元化纠纷解决机制中的几个创新点［EB/OL］.［2016-07-12］. http：//
finance. sina. com. cn/sf/news/2016-07-12/142836842. html.

［3］ 佚名 . 浅谈化解社区矛盾纠纷的原则与方法［EB/OL］.［2016-04-08］. http：//
www. docin. com/p-1523195936. html.

［4］ 王延波 . 民事纠纷处理原则［EB/OL］.［2010-05-15］. http：//www. lawtime. cn/
article/lll21476482152742oo21049.

［5］ 张世平 . 矛盾纠纷调解中语言表达与技巧［EB/OL］.［2010-02-19］. http：//
blog. sina. com. cn/s/blog_64a8af2a0100h4ra. html.

［6］ 洪伟，黄彤 . 民法［M］. 上海：格致出版社，2009.

［7］ 王利明 . 民法学［M］. 北京：中央广播电视大学出版社，1995.

［8］ 韩竞 . 法学基础知识［M］. 北京：中国人民公安大学出版社，2006.

［9］ 李仁玉，陈敦 . 民法案例题解［M］. 北京：法律出版社，2004.

［10］《经济法概论学习指导》编写组 . 经济法概论学习指导［M］. 北京：中央广播电
视大学出版社，2006.

［11］ 皮纯协 . 行政法与行政诉讼法教程［M］. 3 版 . 北京：中央广播电视大学出版
社，2005.

［12］刘文华.法学基础知识［M］.北京：中央广播电视大学出版社，2009.

［13］许顺亭，孙彪，康玲.实用法律基础［M］.镇江：江苏大学出版社，2015.

［14］杨大文，龙翼飞.婚姻家庭法［M］.7版.北京：中国人民大学出版社，2018.

［15］范军.法律基础与实务［M］.修订版.上海：上海三联书店，2003.

［16］韩大元，李元起.宪法［M］.3版.北京：中国人民大学出版社，2005.

［17］赵秉志.刑法学：上册 刑法总论［M］.北京：中央广播电视大学出版社，2003.

［18］夏锦文.法学概论［M］.3版.北京：中国人民大学出版社，2009.

［19］黄京平.刑法［M］.3版.北京：中国人民大学出版社，2008.